Yeni NEURO-VIA SİSTEMİ ile DİKKATİ GÜÇLENDİRME SETİ

8 YAŞ A

GÖRSEL-SAYISAL EGZERSİZLER

NEURO-VIA SİSTEMİ ile
DİKKATİ GÜÇLENDİRME SETİ™©
GÖRSEL-SAYISAL EGZERSİZLER

Yazar, Proje Sahibi ve Sorumlusu
Doç. Dr. Osman ABALI
Çocuk ve Genç Psikiyatrisi Uzmanı
www.drosmanabali.com

Resimleyen
Ekrem YILMAZ

Kapak ve Grafikler
Ekrem YILMAZ, Bilal DAYAN

Yeni Neuro-Via Sistemi ile Dikkati Güçlendirme Seti
Adeda Yayıncılık, Mart 2020 - İstanbul
Neuro-Via Sağlık Hizmetleri Ltd. Şti.

Genel Dağıtım
Deha Terapi Eğitim Danışmanlık Ltd. Şti.
Merter İş Merkezi, No 2 / 8 Zeytinburnu, İstanbul
Tel: +90 212 514 5099 | E-Posta: bilgi@adeda.com.tr

www.adeda.com.tr

ISBN: 978-605-69035-3-3

Matbaa: WPC Matbaacılık San. ve Tic. A.Ş.

Copyright ® 2020 Osman ABALI / ADEDA Yayıncılık / Neuro-Via Sağlık Hizmetleri Ltd. Şti. Her hakkı saklıdır.
Bütün Hakları Adeda Yayıncılık tarafından alınmıştır. Bütün içerik telif hakları yasası ve 556 sayılı markaların korunması hakkında kanun hükmünde kararname ile güvence altına alınmıştır. Bu ürünü amaçları dışında kullanan, izinsiz çoğaltanlar hakkında gerekli kanuni işlemler yapılacaktır.

DGS ile İLGİLİ HEDEFLER ve GENEL FAYDALARI

- Öğrenme sistemini aktif bir şekilde çalıştırıp ders başarısını artırır.
- Dikkat becerilerinde artış olur, ders ve akademik alandaki dikkat hataları azalır.
- Çalışmaya ve öğrenmeye karşı istek artar, okuldaki performansı yükselir.
- Görsel alana girenleri fark eder ve ayırt eder, masa başı ders çalışmalarındaki başarısı artar.
- El göz koordinasyonu artar, performans ödevlerinde üretkenliği artırır.
- İnce motor becerilerinde artış olur, el becerileri gelişir.
- Dinleme becerisi artar, işitsel algısında kuvvetlenme olur.
- Planlama ve sıralama becerilerinde artış olur, karşısına çıkan problemlerde fayda sağlar.
- Okuma ve okuduğunu anlamaya fayda eder.
- Zihinsel enerjinin bir konuya odaklanmasına yarar.
- Düşünme becerilerini destekler, yorumlama becerisini geliştirir.
- Esnek düşünebilmeye yardımcı olur.
- Kısa süreli bellek, uzun süreli bellek gelişimine fayda sağlar.
- Farklı bakış açıları ile problem çözmeye yarar sağlar.
- Aritmetik becerisine katkı sağlar.
- Soyutlama becerisine fayda sağlar.
- Sözel becerilerini artırır.
- Unutkanlığı azaltır.
- Kavrama süratini geliştirir.
- Farklı açılardan öğrenme becerisini destekler.

PSİKOLOJİK FAYDALARI

- Sürükleyicidir, başarılı olma duygusunu pekiştirir.
- Kendine güveni, özellikle akademik öz güveni artırır.
- Okulu ve çalışma sevgisini artırır.
- Kağıt, kalem, ders ve öğrenme olumlu hale gelir.
- Boş zamanlarını değerlendirir.
- TV ve görsel araçların yol açtığı problemlerin azalmasına yardımcıdır.
- Duygu ve öfke kontrolü artar.

Dikkat ve öğrenme sistemleri hayatımızı değiştirir.

İnsan beyni günümüzde bile tam olarak keşfedilmemiş bir mucizedir. Hemen her gün yeni ve önemli işlevleri açığa çıkmaktadır. Beynin en önemli işlevlerinden bir tanesi de dikkat ve öğrenme sistemleridir. Bu sistemler zaman geçtikçe bizim hayatımızı değiştirir.

Bu değişimin iyi yönde olması hepimizin için çok önemlidir. Zamanın hızla geçtiği günlük hayatta belki de hiç fark etmediğimiz birçok önemli konu dikkat ve öğrenme ile ilgilidir. Bazen bir trafik tabelası, bazen bir sorudaki ayrıntı bazen de önümüzdeki cismin fark edilmesi gibi konular bu sistemle bağlantılıdır.

Dikkatli kişiler zekasını daha iyi dışa vururlar. Günlük akış içinde fark ettikleri şeyleri daha iyi öğrenirler. Ders başarısı ve akademik gidişat daha iyi olur. Daha pratik sonuçlara varırlar. Başkalarının fark etmediği şeyleri fark ederek öne geçerler. Daha az hata yaparlar, daha az aksama yaşarlar.

Dikkat ve öğrenme sisteminin özellikle beynin her iki hemisferi (yarım küre) ile bağlantısı vardır. Sağ beyin egzersizleri belli konularda bizi ön plana çıkarırken sol beyin egzersizleri daha farklı bir kazanım sağlar.

Hayatım boyunca yaptığım gözlemler ve akademik çalışmalarım bana şunu gösterdi; İnsanlar arası ilişkilerden sosyal dışa vuruma, konuşma yapısından dinleme özelliklerine, empati sürecinden duygusal çerçeveye kadar birçok alanda dikkat ve öğrenme sisteminin bağlantılarını gördüm. Uluslararası yaptığım çalışmalar ve yazdığım kitaplarda bunu dile getirdim. Yaklaşık 20 yıldır bu alanda çalışıyorum ve her geçen gün bu alanın önemini daha iyi görüyor ve çalışmalarımı derinleştiriyorum.

DGS Dikkati Güçlendirme Sistemleri, şahsımın akademik birikimi ile ortaya çıkmıştır. Özellikle yeni geliştirdiğim Neuro-Via sistemi bu konudaki çalışmalarımda önemli bir aşamadır. Bu kitaplar Neuro-Via sistemi ile yazılmıştır. Sizlere sunmanın gurur ve mutluluğunu yaşıyorum.

Sağ beyin yarım küresini daha fazla çalıştıran ama sol beyin yarım küresine de destek sağlayan bir sistem oluşturdum. Bu sistemi sizlere yeni kitabımda sunuyorum. Her bir çocuğumuzun hayatının bütün safhalarını çok olumlu bir şekilde değiştireceğine inandığım bu çalışmalar sadece ülkemiz değil dünya çocuklarının da şekillenmesine yardımcı olacaktır.

Bu sistemi çalışan çocuklar sınav sisteminde daha avantajlı olacaktır. Dersleri öğrenmeleri kolaylaşacaktır. Kendi kapasitelerini daha kolay geliştireceklerdir. Algılama, öğrenme, görsel, uzaysal, teknik sistemleri daha üst seviyeye çıkacaktır. Kendi kapasitelerini dışa vuran bu çocuklar hayatta daha başarılı olacaklardır.

Unutmayınız, piyasada ticari amaçlarla ortaya konmuş hiçbir bilimsel altyapısı olmayan, toplama ve uydurma kitaplar çocuğunuza zarar verebilir. Uluslararası bir bilim insanı olarak yaptığım kitaplar akademik ve kanıta dayalıdır. Bu sebeple değerli okuyucularımız rahatlıkla kullanabilirler.

Bu kitaptaki sistem tamamen yeni, özgün ve bilimseldir. Sizler fark etmeden çocuğunuzu ödüllendirir, öğrenmeye yaklaştırır ve onun zeka kapasitesini artırır. Bütün çocuklarımıza, gençlerimize hayatları boyunca bol dikkatli ve keyifli öğrenmeler içeren günler diliyorum.

NEURO-VIA
(The AUDIO-VISUAL SYSTEMS of NEURODEVELOPMENT) SİSTEMİ NEDİR?

Bilindiği üzere **"dikkat ve öğrenme"** beyin merkezli gerçekleşen nöropsikolojik bir süreçtir. Bu süreç sadece görülen kısmı değil beynin işlemleme süreçlerinin de katıldığı çok kompleks bir mekanizmadır. Dikkat ve öğrenme sisteminin nasıl çalıştığı ve nasıl uyarıldığı ile ilgili çok sayıda bilimsel çalışma yaparak bu sistemin desteklenmesi için çalıştım. 25 yıllık meslek hayatımda sayısız öğrenci gördüm ve bu süreçlerin nasıl işlediği ile ilgili çalıştım. Bu sistemlerin hangi nöropsikolojik mekanizmalar ile uyarıldığı, sağ ve sol beyin aktivite sisteminin nasıl çalıştığı ile ilgili araştırmalar yaptım. Önemli olan beyindeki bütün algı mekanizmalarının çalıştığı bir sistemi ortaya koymaktır.

Alanında uzman olmayan kişilerin, dikkat ve öğrenme alanından uzak durması gerekir. Çünkü bu alan nöropsikolojik temelle çalışan bilimsel bir alandır. Hangi egzersizin hangi beyin alanını çalıştırdığı, bu çalışmanın ne kadar olması gerektiği, beyindeki ve öğrenmedeki karşılığı hesap edilmek zorundadır.

İşte tamamen bilimsel ve akademik olan Neuro-Via *(The Audio-visual systems of Neurodevelopment)* sistemi şahsımın oluşturduğu, nörolojik sistemlerin görsel işitsel uyaranlarla çalıştırıldığı bir algoritmadır. Bu algoritmada çok boyutlu çalışma süreçlerinin, dikkat ve öğrenme mekanizmalarının en üst düzeye çıkarılması hedeflenmiştir. Bunu yüzlerce çalgı aleti olan bir orkestranın mükemmel uyumla çalıştırılması gibi de düşünebilirsiniz. Hangi egzersizin **ne kadar, ne sayıda ve ne yoğunlukta** çalışılması gerektiği bilimsel olarak hesaplanmış ve ortaya konmuştur. Bu sistem çocuklar ve gençlerimiz için hazırlanmıştır.

İşin ehli olmayan kişilerin yönlendirme ve çalışmaları fayda vermediği gibi bazı nörogelişimsel alanları köreltebilir. Bu açıdan Neuro-Via sistemi ile çalışan Dikkati Güçlendirme Seti, özgün, akademik, alanında ilk ve tek olma özelliğine sahip, tamamen bu alanda ulusal ve uluslararası çalışmalara sahip şahsım tarafınca oluşturulmuştur.

Çocuklarımız hayatta en değerli varlıklarımız olup onların daha iyi yerlere gelmesi için çalışmalarıma devam etmekteyim. Sağlıcakla kalın...

DOÇ. DR. OSMAN ABALI
Çocuk ve Ergen Ruh Sağlığı ve Hastalıkları Uzmanı
İstanbul, 2020

/drosmanabali
www.drosmanabali.com
drosmanabali@hotmail.com

KİTAP UYGULAMA TALİMATI

1. Dikkati güçlendiren egzersizler çocuğun yaşına uygun olarak hazırlanmıştır. Yaşına uygun egzersizlerde çok hata yapan çocuklar, bir alt yaş grubu olan kitapları çalıştıktan sonra kendi yaşlarına uygun kitapları çalışmaya devam edebilirler.
2. Çalışmaların her birinin üzerinde talimatlar ve yönergeler bulunmaktadır.
3. Çalışmaları çocuğun kendi başına yapması ve sonrasında, cevap anahtarında birlikte kontrol edilmesi mümkündür. İsterlerse anne - baba veya eğitimcilerle birlikte de çözebilirler. Önemli olan yoğunlaşma ve çözümle sonuca gitmektir.
4. Çalışma süresinde sınır bulunmamaktadır. Çocuklar istedikleri kadar egzersiz yapabilirler. Mümkünse her bir sayfadaki egzersiz çözülmeli, sayfa atlaması yapılmamalıdır.
5. Her bir sayfanın çözüm süresi değişmektedir. Ortalama 2-5 dakikalık süre her bir sayfa için yeterli kabul edilebilir. Bazı egzersizler bu süreyi aşabilir, bazıları daha kısa sürede yapılabilir. Bu sebeple çocuğa serbest zaman verilmesi daha iyi olacaktır. Yani çocuk, istediği kadar sayfaya yoğunlaşabilir. Eğer yapamıyorsa sonuç gösterilerek sorunun cevabından öğrenmesi sağlanmalıdır.
6. Mümkünse her gün çalışmalar yapılmalıdır. Bu yapılamazsa çok uzun ara vermeden egzersizlere devam edilmesi daha faydalıdır. Ancak uzun bir zamana yayılsa bile kitabın bitirilmesi ana hedef olmalıdır.
7. Çocuğun günlük calışma süresi 10 dakikadan 60 dakikaya kadar çıkabilir. Zaman kısıtlaması yoktur. Günün herhangi bir saatinde yapılabilir.
8. Eğer çocuk kendi yaşının kitaplarını bitirmişse bir üst yaş grubuna geçerek çalışmalara devam edebilir. Bu durum çocuğun dikkat seviyesinin yüksek olduğunu gösterir.
9. Çocuklar hata yaptığında uygun bir iletişim dili ile doğrusu gösterilmelidir.
10. Derslerden kalan zamanlarda bu çalışmalar rahatlıkla yapılabilir.
11. Çocuğun çok hata yaptığı egzersizler farklı şekillerde tekrarlanarak bu hatalar azaltılabilir.
12. Kitabın ilerleyen sayfalarında hata oranının azalması beklenir.
13. Dikkatin egzersizlerle güçlendirilmesi keyif, dinamizm ve motivasyon süreci ile desteklenmelidir.

Aşağıda tanımlaması yapılan ikonlar her bir sayfada verilmiştir. Bu ikonlar sayfadaki egzersizin yarar gösterdiği alanı belirtmektedir. Ayrıca, yaklaşık olarak egzersizi tamamlama süresi bulunmaktadır. Bu süre artı - eksi 1 dakika değişebilir. Eğer belirtilen sürede egzersiz çoğunlukla tamamlanamıyorsa süre tutulmaması daha uygun olacaktır. Bazı çocukların bu sürelerden çok daha kısa zamanda egzersizi tamamladıkları görülür. Bu durumda, ileriki yaşlardaki egzersizler de çözdürülebilir.

 Bütünsel Algı
 Organizasyon
 El-Göz Koordinasyonu
 Kavramsal Beceri Artışı
 Eşzamanlılık
 Kısa Süreli Hafıza

 Uzaysal-Mekansal Yetenekler
 Planlama
 Aritmetik Beceriler
 Görsel Ayrımlaştırma
 İnce Motor Becerisi
 3 Boyutlu Algı

 Görsel Hafıza
 Düşünce Becerileri Geliştirme
 Dikkat Süresi Artışı
 Görsel Yoğunlaşma
 Yorumlama Yargılama
 Dikkat Yoğunluğu ve Konsantrasyon

 Sıralama
 Dikkatin Ayrıntılara Verilmesi
 Benzerlikler
 Parça Bütün İlişkisi
 Sözel Beceriler

Simetrik Resim

Karelerden faydalanarak yüz resminin sağ yarısını bakarak çizin.

Benzer Semboller

Resmin temsil ettiği harfleri bulup sayın.

A	M	K	N	P	C	İ
Ş	Ş	K	Ç	Ğ	B	A
B	O	L	J	L	Ö	Y
I	Ö	H	U	S	V	Ö
E	L	A	M	G	P	R
H	İ	N	Ü	O	Z	Y
S	V	L	I	G	C	B
J	Ç	H	Z	P	S	L
G	K	L	U	F	Ü	E
Z	C	R	D	Y	Ğ	E
M	S	D	Ü	T	U	V

Silüetler
Ortadaki resmin kaç tane gölgesi var?

4 tane

Kaplumbağa Kabukları
Kaplumbağa kabuğundan aşağıda kaç tane var?

Futbol Topları

Her bir topun 8 siyah bölümü varsa aşağıdaki topların toplam kaç siyah bölümü var?

$8+8 = 16+8 = 24 \quad 24=48+24 = 72+16=88$

$24+24=48$

11

Farklılık
Farklı resim hangisi?

1

2

3

4

5

6

Define Avı

Bir çiftçi tarlasını sürerken 2 çuval altın görmüştür. Çuvallardaki altınlar evindeki altınların **5 K** katı değerinde olduğuna göre çiftçinin bütün altınlarının toplamı kaç **K** değerindedir?

Boyama
Resmin boyanmamış yerlerini boyayın.

Otobüsler

A otobüsü günde 56 yolcu taşıyabilirken, B otobüsü bir günde 28 yolcu taşıyabiliyor. İki otobüs aynı anda işe başlarsa 4 günün sonunda A otobüsü, B otobüsünün taşıdığının kaç katı yolcu taşımış olur?

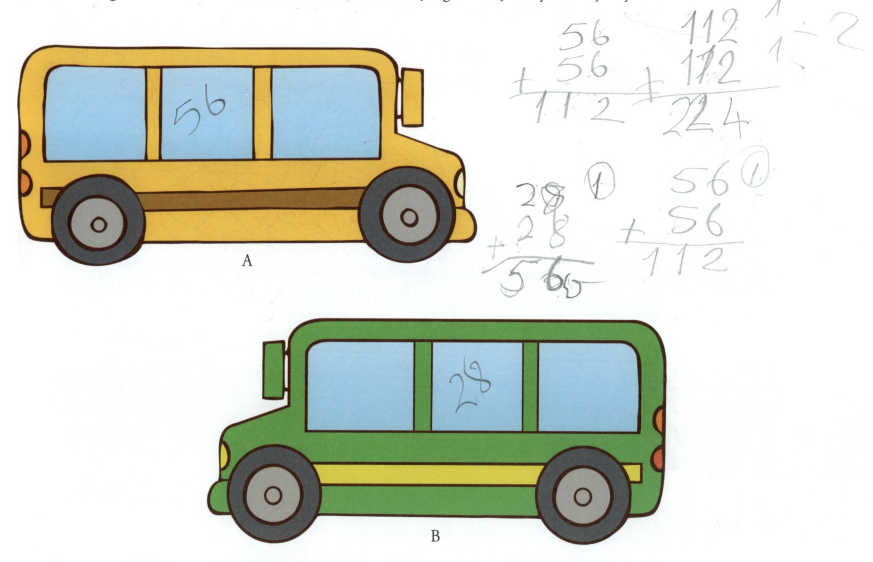

Farklılık
Farklı olan resmi bulun.

İç İçe Sığdırma

Mavi üçgenlerin her birine 4 turuncu üçgen sığdırırsak geriye kaç turuncu üçgen kalır?

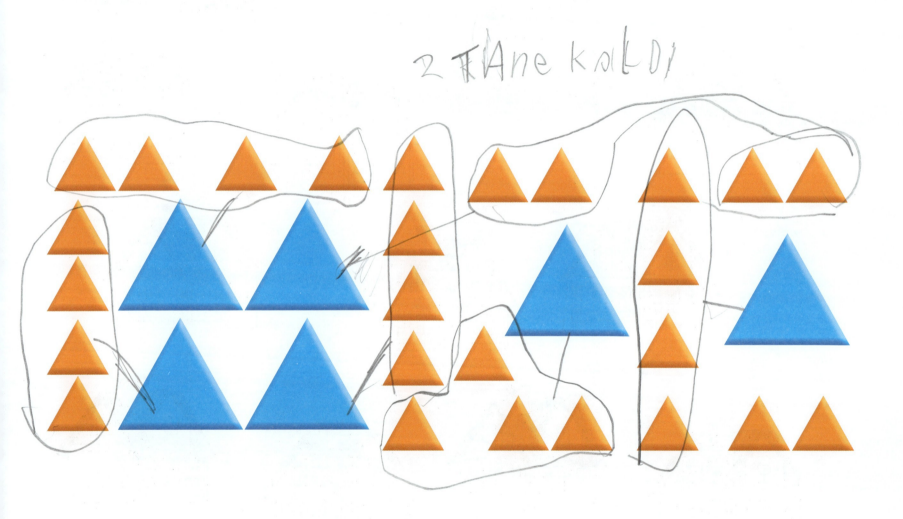

2 tane kaldı

Nokta Belirleme

Sol bölümde çarpıyla işaretlenmiş yerleri aynı şekilde boş bölüme uygulayın.

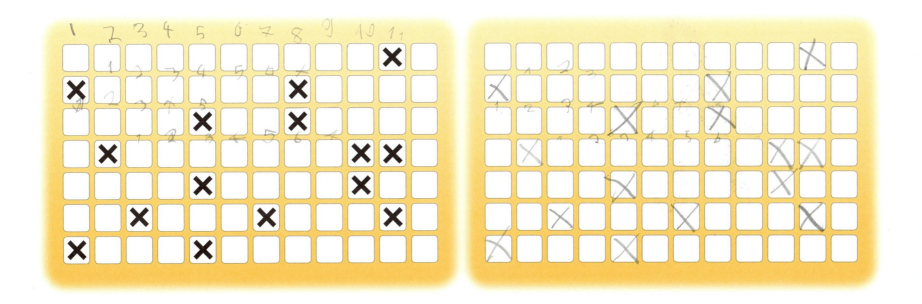

Benzer Semboller

Resmin temsil ettiği harfleri bulup sayın.

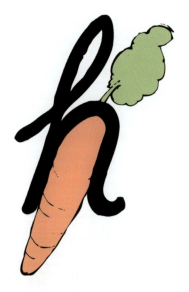

f	f	k	n	g	s	j
2	ç	d	ü	e	y	l
ı	a	r	ç	j	f	z
n	l	v	ö	k	h	a
ç	h	c	ı	z	j	d
b	u	p	f	u	y	t
p	z	ş	a	ö	l	e
s	c	r	h	o	t	h
r	u	j	f	p	a	b
4	j	e	h	h	s	n
i	ü	f	j	ğ	a	y

Simetri

Dikdörtgenin diğer yarısını simetrik olacak şekilde çizin.

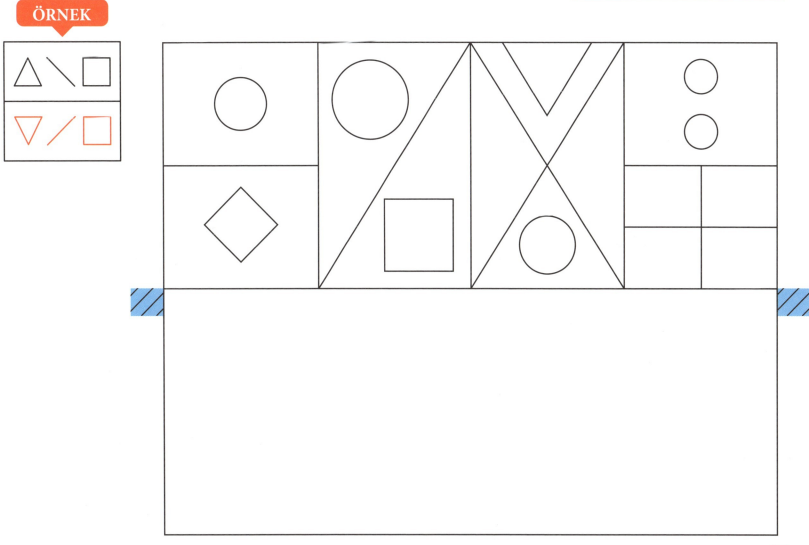

Eşleştirmeler

Üst grupta verilen şekillerin aynılarını alt taraftan bulup eşleştirin.

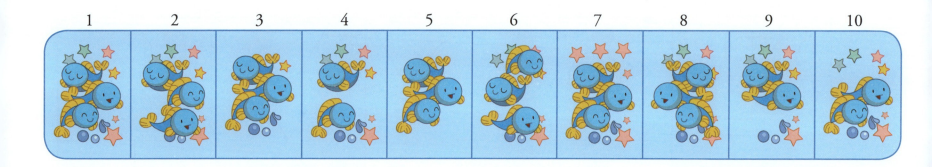

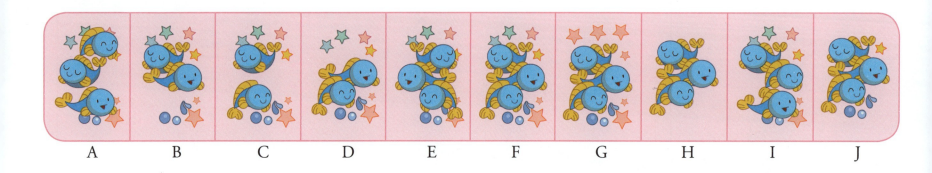

Ayrıntı
Farklı resmi bulun.

Bul - Yapıştır / Bul ve İşaretle
1. Kutuya uygun çıkartmayı yapıştırın.
2. Çıkartmadaki dizin, aşağıda kaç kere tekrar etmektedir, işaretleyin.

Benzer Semboller
Resmin temsil ettiği harfleri bulup sayın.

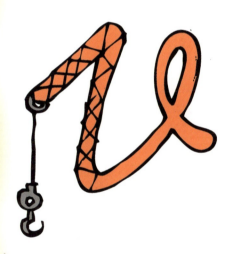

f	v	u	9	a	p	z	v
h	e	j	4	s	h	s	n
j	f	ü	i	a	ğ	y	v
n	k	f	f	s	g	f	j
ü	d	ç	2	y	e	g	l
ç	r	a	ı	f	j	y	z
ö	v	l	v	g	k	ğ	a
ö	c	p	ç	j	z	t	d
v	p	u	b	y	u	o	t
a	ş	v	p	l	ö	ü	e
e	r	c	ş	t	o	ö	y

Şifre Tamamlama
Şifreleri soldan bakarak tamamlayın.

x . i a x o z . l	x i a x z .
x b k i . a . k	x k . . k
a b l t m . o x	a l t . o
m . v u y l m a	. v u l m a
x . f p . ğ . c z	x . p . c z
u . c g o u z e	u . c g u z e
ö v s c m . y o	ö v c m . o

Eksik Rakamlar

22

Yandaki örneğe bakarak, aşağıdaki eksik rakam ya da kutuları bularak tamamlayın.

22	22	2	22	22	22	22	22	22	22	22	22	22
22	22	22	22	2	22	22	22	2	22	2	22	2	22
22	2	22	22	22	2	22	22	2	22	22	22	22	22
22	22	22	2	22	22	2	22	22	22	22	2	22	22
22	22	22	2	22	22	22	22	22	22	2	22	2	22
22	22	22	22	22	22	22	22	22	22	22	2	22

Simetri

Boş kareleri örnekteki gibi simetrik olacak şekilde çizin.

Topla ve Çarp

Her bir bölümde eşit sayıda kuş olduğuna göre aşağıdaki resimde toplam kaç tane kuş olduğunu bulun.

Bal Petekleri
Yandaki şeklin aynısından, aşağıda kaç tane var?

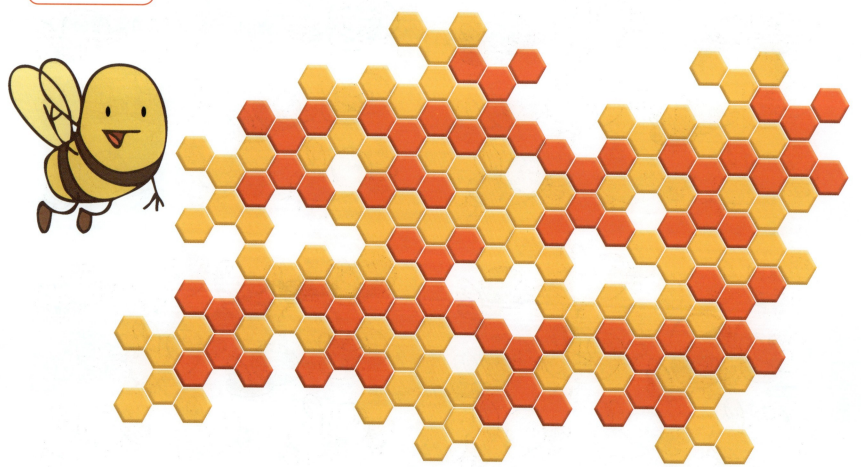

Eşleştirme
Birbirinin aynısı olan şekilleri eşleştirin.

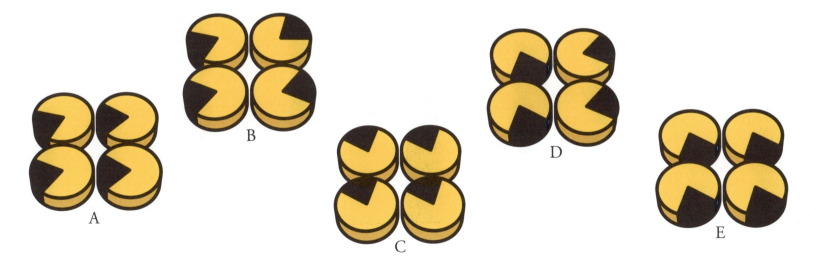

Yaşları Sıralamak

Yaşlar grafikte verilip, hangi rengin kime ait olduğu belirtilmiştir.
Çocukları büyükten küçüğe doğru sıralayın.

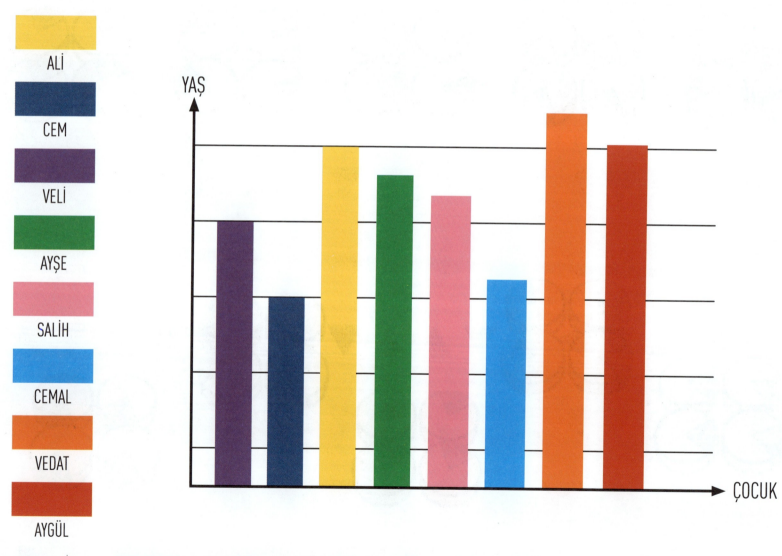

Bul - Yapıştır / Üçgenler

1. Kutuya uygun çıkartmayı yapıştırın.
2. Çıkartmadaki örneğe göre kutucuklara uygun sembolü çizin.

Uygun çıkartmayı yapıştırın.

Küpler
Aşağıda kaç tane küp var?

Kaç Küp?
Kırmızı, sarı ve mavi küplerin toplamı kaçtır?

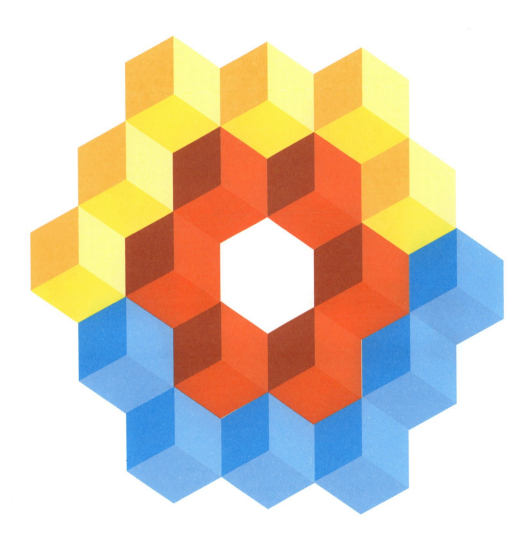

Rakamlar

Aşağıda kaç adet rakam olduğunu bulun ve iki rakamlarının toplamı ile çarpıp sonucu yazın.

Benzer Semboller

Resmin temsil ettiği harfleri bulup sayın.

S	V	L	I	G	C	B
K	İ	K	Ü	O	Z	Y
Ğ	K	T	U	F	Ü	K
J	Ç	H	Z	P	K	Ç
M	Ş	K	Ü	T	U	V
K	C	R	D	K	Ğ	E
A	M	K	N	P	C	İ
B	O	L	J	R	Ö	Y
Ş	Ş	K	Ç	Ğ	K	A
E	F	A	M	G	P	R
I	Ö	K	U	S	K	Ö

Hacim

Yandaki dairenin aynı büyüklükte olan eşini aşağıda bulun.

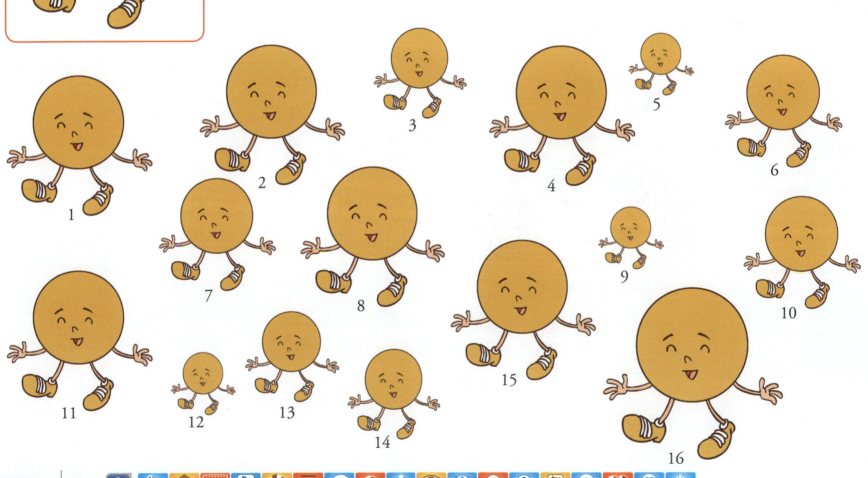

Kelime Avı

Aşağıdaki satırlarda "sistemli" kelimelerini bulun.

nazenden tanenden tazeliği
farelisi sistemli hazretli
dansesetti kastetti sitemlim
istemlik laleli tazeci tezlişim
nispetli sistemli sestelli
kastelli lalelisi çarelisi
farelisi silsilesi sislisin
sistemli istemeli süslemeli
istemeli sistemli sistemlet sistem
sistemde sistemsiz   narenciye
naytane nazenkele   nacinye
sistemdir sisitemli sesleştir
sesleriniz sessizce gemilerden

Oyuncak Kümeleri
Hangi küme en kalabalıktır?

Şekil Grupları
Farklı olan şekil grubu hangisi?

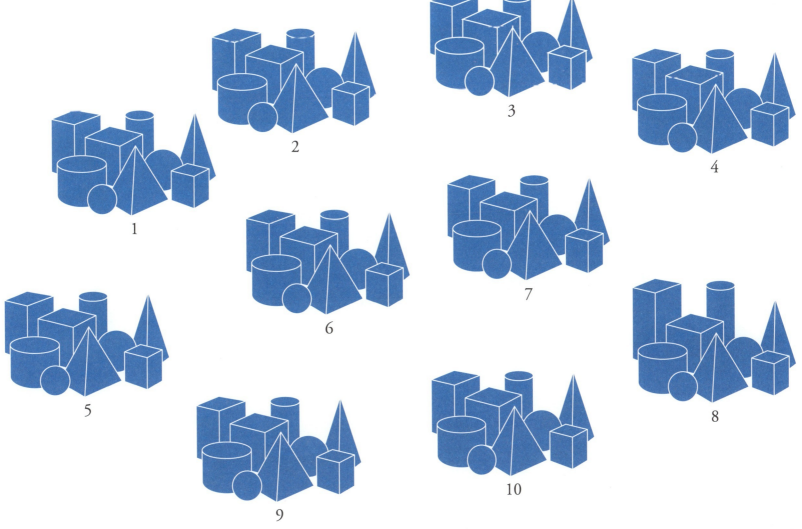

Yılan Kıvrımları

Yandaki yılana ait gölgeleri benzerlerinin arasından bulun.

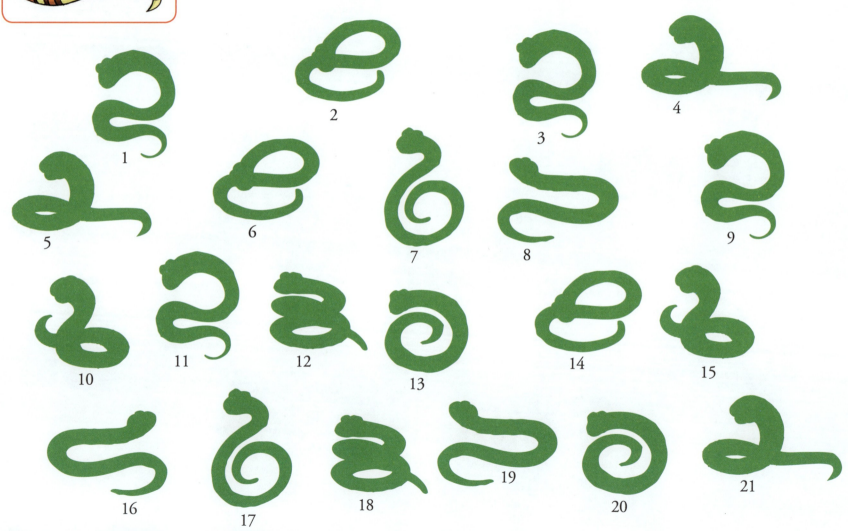

Artılar
Yandaki şeklin aynılarını aşağıda bulun.

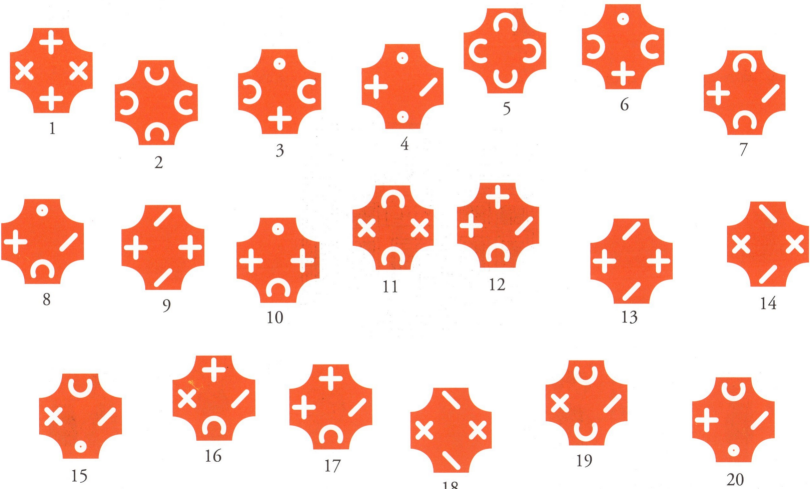

Sınıf Sayısı

Aşağıdaki öğrencilerin okuduğu okulda dörder kişilik kaç sınıf meydana gelir?

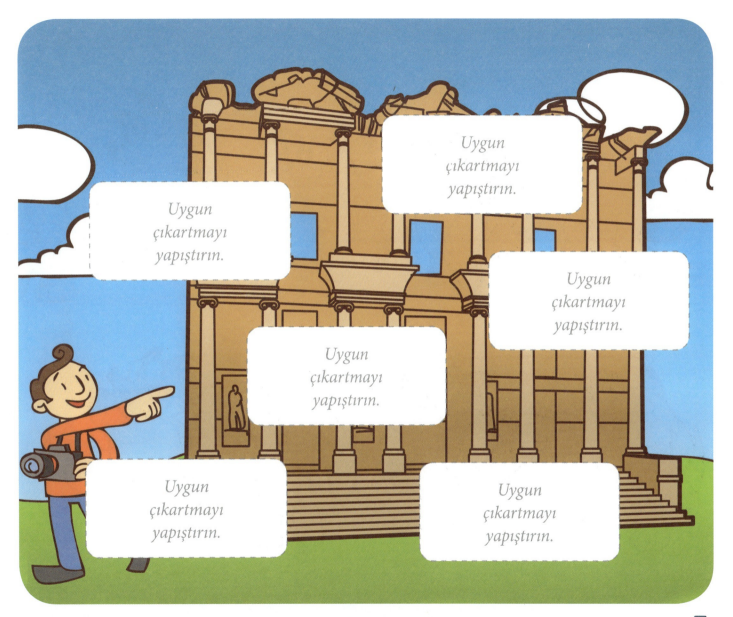

Gölgeler

Bu sayfadaki resimlerin gölgelerini karşı sayfadan bulun.
Eşleştirdiğiniz gölgelerin altına aynı rakamları yazın.

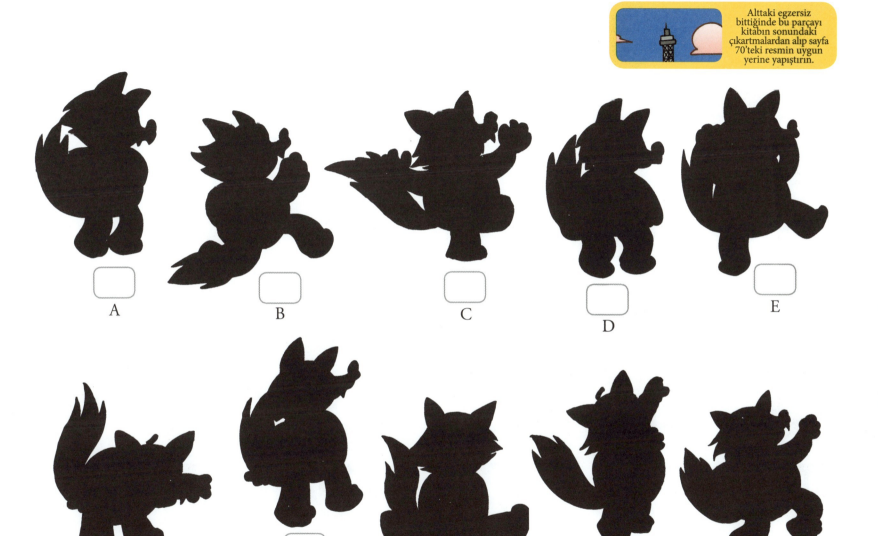

Bul - Yapıştır / Şifre

1. Aşağıya uygun çıkartmayı yapıştırın.
2. Her grafiğin şifresi verilmiştir. Buna göre alttaki şifreleri çözüp yazın.

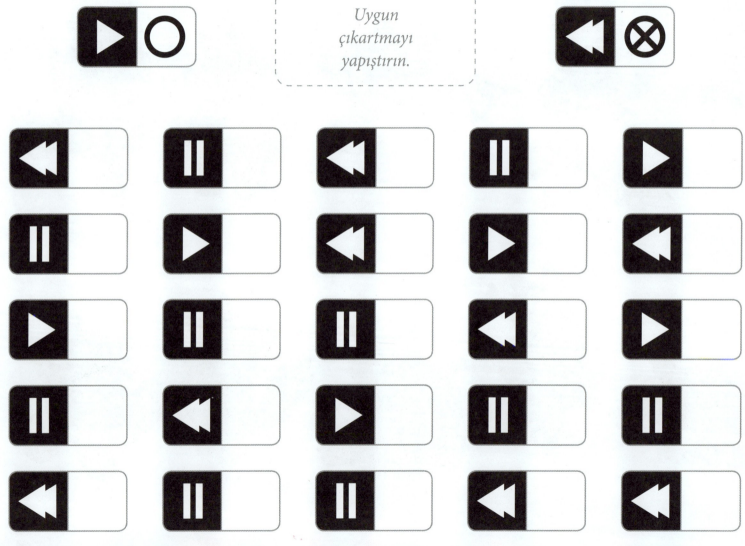

Sıralamalar

Aşağıdaki kelime sıralamasına uyan şık hangisi?
Askı › çapa › fiş › kemik › kumbara › megafon › terlik › mendil

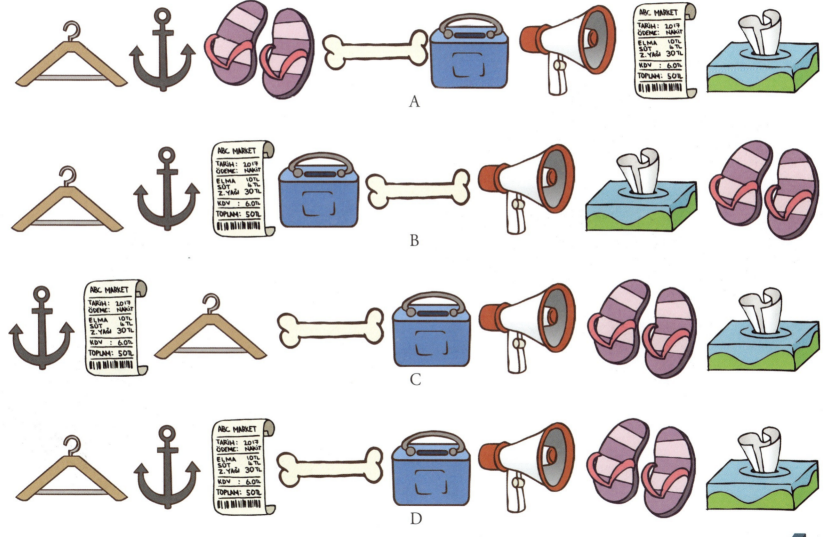

İş Problemleri

A atölyesi günde 10 birim işi tek başına, 15 birim işi de B atölyesi ile birlikte yapabilmektedirler. Buna göre B atölyesi bir günde tek başına kaç birim iş yapabilir?

Birim Su

Üçgen ağaçlar için günlük 1 birim suya, daire için 2 birim, kare için 3 birim suya ihtiyaç vardır. Aşağıdaki önermelerden hangileri doğrudur?

A) Her biri kendi kapasitesine göre olan bir bardağı alabilir.
B) Üçgen ağaç, 1 birimlik bardak aldığında, geriye toplam 5 birimlik iki bardak kalır.

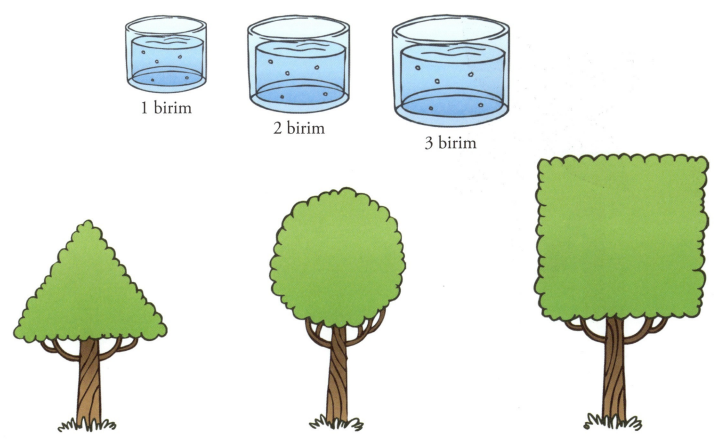

Benzer Semboller
Resmin temsil ettiği harfleri bulup sayın.

N	N	P	C	M	A	M
L	J	R	Ö	Y	B	O
K	Ç	M	B	N	M	M
A	M	G	P	R	E	N
H	U	S	N	Ö	N	Ö
L	I	G	C	B	S	V
N	Ü	O	Z	Y	H	M
T	U	F	Ü	E	M	K
H	Z	P	S	Ç	J	Ç
N	Ü	T	U	N	M	M
R	D	Y	M	E	Z	C

Labirent

Arabayı çıkışa ulaştırın.

Kaç Yolcu?
Aşağıdaki arabaların her biri en az 3 yolcu taşımaktadır.
Buna göre mavi ve yeşil arabalarla taşınan yolcu sayısı kaçtır?
A) 14   B) 18   C) 16   D) 17

Bul ve Topla
Aşağıdaki 1 ve 8 sayılarının toplamı kaçtır?
A) 36   B) 32   C) 24   D) 26

Simetri
Boş dikdörtgenleri örnekteki gibi simetrik olacak şekilde çizin.

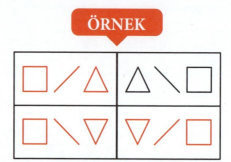

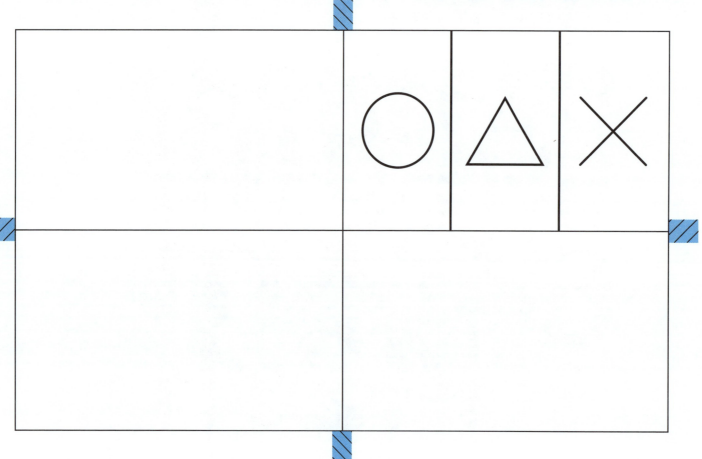

Rakam Avı

Aşağıda 9 rakamı dışındaki rakamları bulup, kaç tane olduğunu sayın.

9 9 9 9 9 9 9 9 9 9 8 9
9 8 9 9 9 9 8 9 9 9 9 9
9 9 8 9 9 9 9 9 9 9 8 9
9 9 9 9 9 9 9 9 9 8 9 9
9 9 9 8 9 9 8 9 9 9 8 9
9 9 9 9 9 9 9 9 9 9 9 9

Farklılık
Farklı olan resmi bulun.

Sütun - Satır

Satır ve sütunlardaki benzer rakamları birleştirdiğinizde kaç tanesi mavi karelere denk gelmektedir?

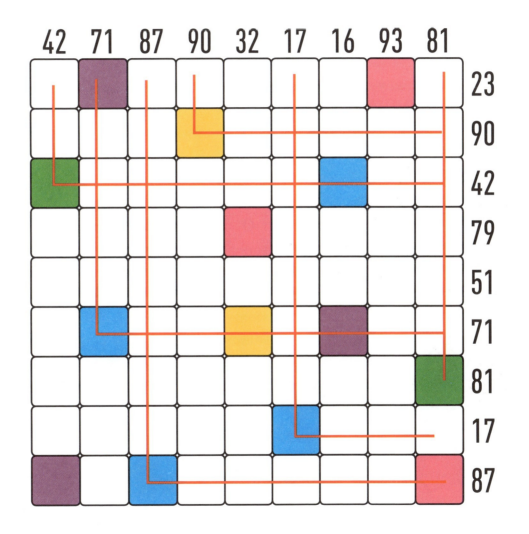

Benzer Semboller
Resmin temsil ettiği harfleri bulup sayın.

M	A	N	K	C	P	İ
O	L	J	L	Ö	R	Y
Ş	Ş	Ç	K	B	Ğ	A
F	E	M	A	P	G	R
Ö	I	U	H	L	S	Ö
V	S	I	L	C	G	B
İ	H	Ü	N	Z	O	Y
K	Ğ	U	T	Ü	F	E
Ç	J	Z	H	L	P	L
Ş	M	Ü	D	U	T	V
C	Z	D	R	Ğ	Y	E

Çizgi Sayısı
Hangi renk çizgi daha fazla?

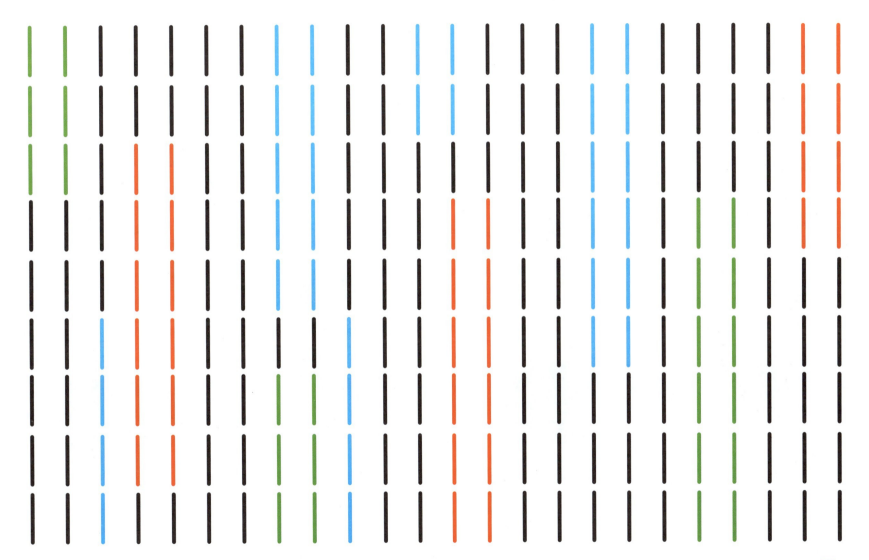

Geometrik Parçalar
Birbirini tamamlayan resimleri bulun.

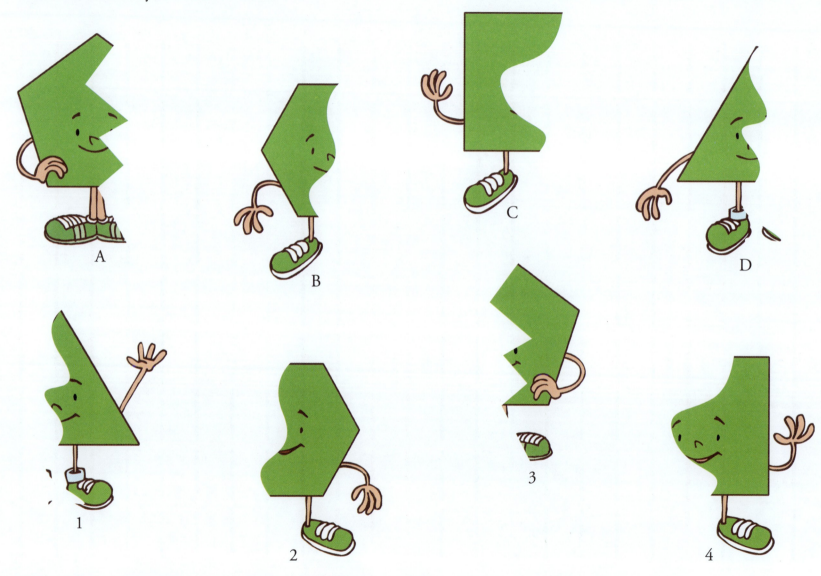

Labirent

Labirenti geçerek Can'ı öğle yemeğine ulaştırın.

Çiçek Ekimi
Yandaki ile aynı olan resimleri aşağıda bulun.

Noktalı Resim

Üst sıradaki şekillere bakarak, alttaki noktalı kısma çizin.

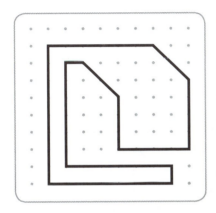   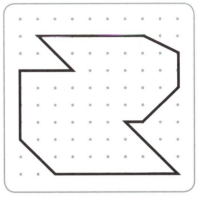

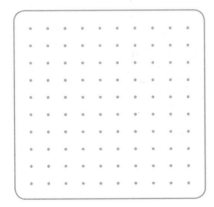   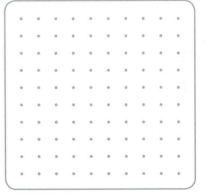

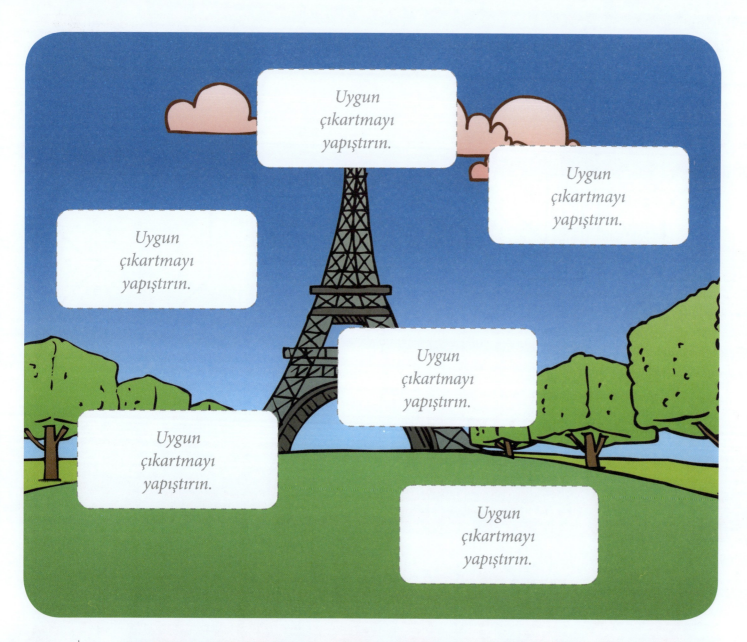

Gizli Semboller

"Papatya" kelimesindeki bir harf tabloda gizlenmiştir. Görebildiğiniz harfi şıklardan gösterin.

A) P B) T C) A D) Y

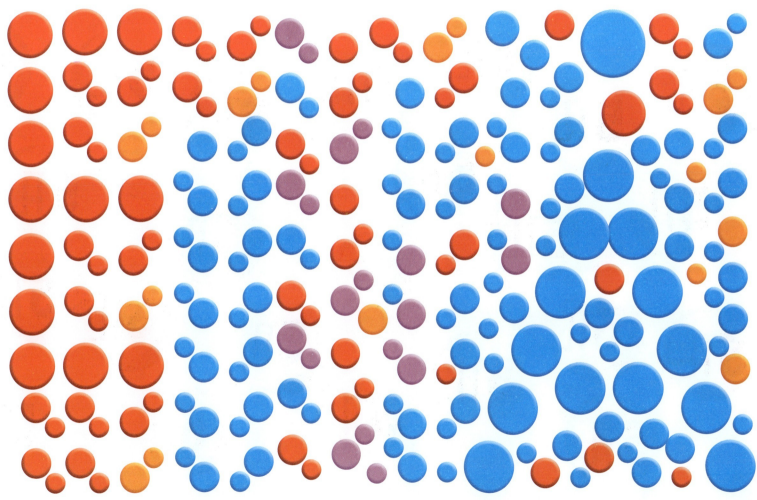

Bozuk Paralar

1 lira ile 1 çikolata alınabildiğine göre, aşağıdaki paralarla kaç tane çikolata alınır?

Kelebekler
Kelebekleri eşleştirin.

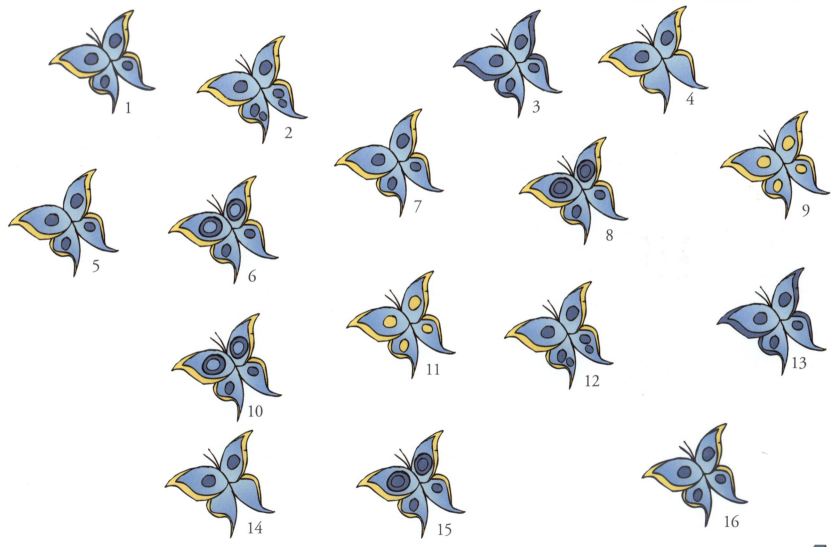

Benzer Semboller
Resmin temsil ettiği harfleri bulup sayın.

K	N	P	C	İ	A	M
L	J	C	Ö	Y	B	O
K	Ç	P	B	A	Ş	Ş
A	M	G	P	R	E	C
H	U	S	V	Ö	I	Ö
L	I	G	C	B	S	V
N	Ü	O	Z	C	H	V
C	U	F	Ü	E	Ğ	K
H	Z	P	S	Ç	J	Ç
D	Ü	T	U	V	M	Ş
R	D	Y	Ğ	S	Z	S

Nöbet Grafiği

Hemşirelerin hastane nöbetleri sırasında baktıkları hasta sayıları, isimlerin karşısında bulunan mavi noktaların sayısal değerlerinin toplamıdır. Buna göre, en az ve en çok hastaya bakan hemşireleri bulun.

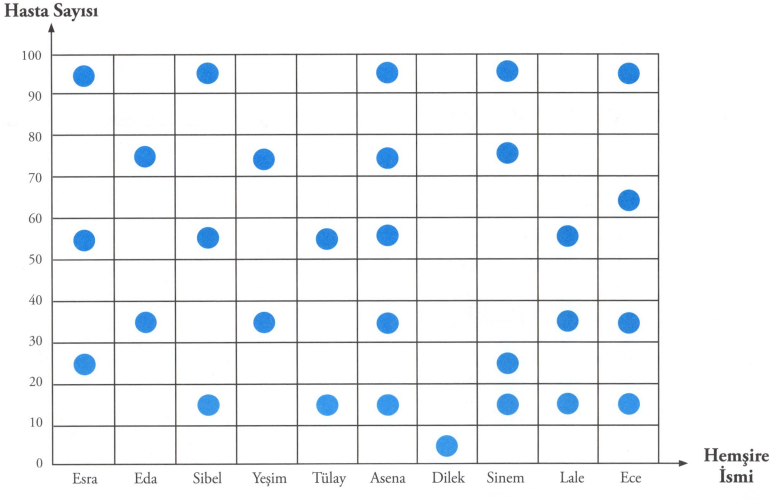

Duvar Tuğlaları

Alttaki duvarın satırlarında yer alan tuğlalar aynı hizaya getirildiğinde, aşağıdaki numaralı bloklardan hangisi oluşur?

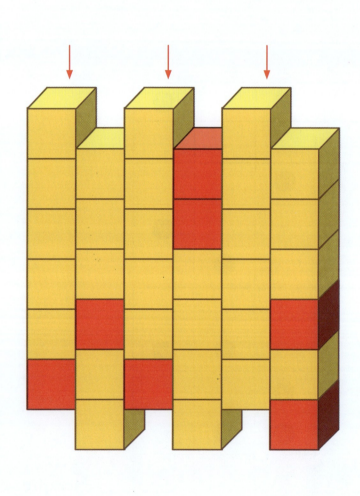

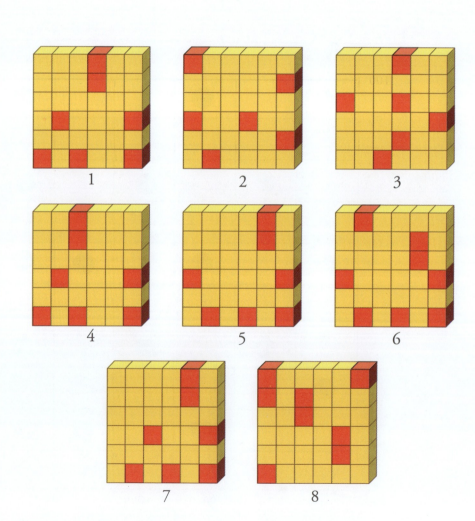

Daire Kümeleri
Aynı sayıda daire şekline sahip olan kümeleri eşleştirin.

Su Seviyesi
Her resmin benzerlerini aşağıdan bulun.

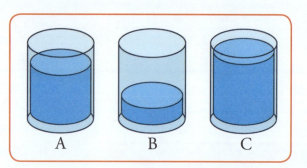

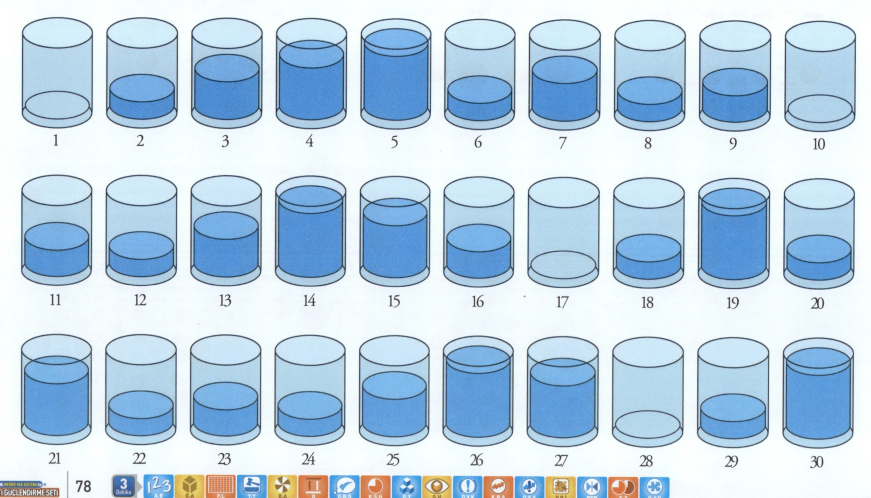

Küçük Fark

Farklı olanı bulun.

Benzer Semboller
Resmin temsil ettiği harfleri bulup sayın.

v	ö	n	l	k	g	a	ğ
p	f	b	u	u	y	t	o
c	ı	ç	p	z	j	f	t
r	e	ş	c	o	t	y	ö
ş	a	p	z	ü	l	f	ü
e	h	4	j	h	s	n	s
j	f	r	u	p	a	b	z
f	n	f	f	g	s	j	f
f	j	ı	ü	ğ	a	y	y
r	ç	ı	2	j	f	z	y
d	ü	2	f	e	y	l	g

Şekil Kodları

Her şeklin kodu üzerinde verilmiştir. Aşağıdaki şekillerin kodlarını altlarına yazın.

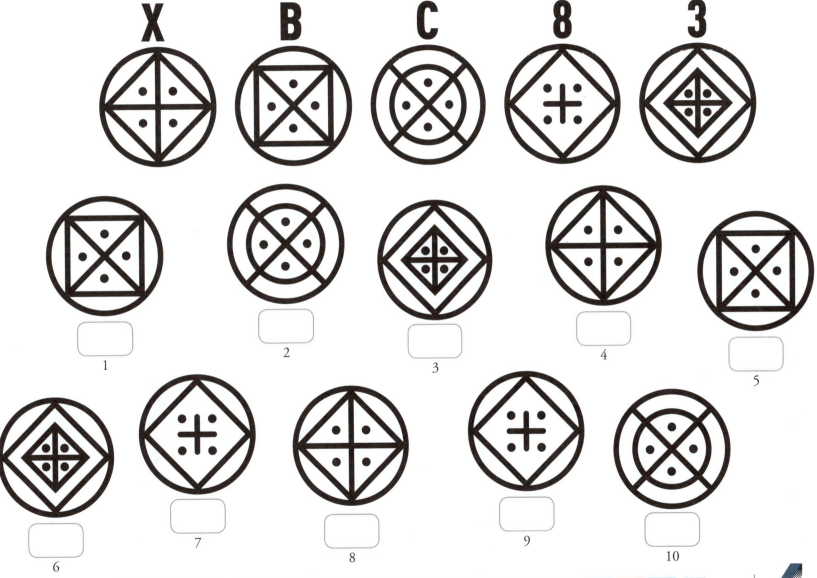

Dizin Bulma
Kutudaki sıralamanın aynılarını tablodan bulun.

XQIXQXQIXXIQ

XQIXQXQIXXIQ	XQIXXXQIXXIQ	XQIXQXQIXXIQ
XQIXQXXIXXIQ	XQIXQXQIXXIQ	XQIXQXXIXXIQ
XQIXQXQIXXIQ	XQIXQXXIXXIQ	XQIXQXQIXXIQ
XQIXXXQIXXIQ	XQIXXXQIXXIQ	XQIXXXQIXXIQ
XQIXXXQIXXIQ	XQIXQXQIXXIQ	XQIXXXQIXXIQ
XQIXQXQIXXIQ	XQIXQXXIXXIQ	XQIXQXQIXXIQ
XQIXQXXIXXIQ	XQIXQXQIXXIQ	XQIXQXQIXXIQ
XQIXXXQIXXIQ	XQIXXXQIXXIQ	XQIXQXXIXXIQ
XQIXQXQIXXIQ	XQIXXXQIXXIQ	XQIXQXQIXXIQ
XQIXQXXIXXIQ	XQIXQXQIXXIQ	XQIXXXQIXXIQ
XQIXQXQIXXIQ	XQIXQXXIXXIQ	XQIXXXQIXXIQ
XQIXXXQIXXIQ	XQIXXXQIXXIQ	XQIXQXQIXXIQ

Bak ve Kopyala

Üst kısımdaki karelere bakarak, birinci bölümü boyayın. Daha sonra onun simetrik şeklini, en alttaki bölümde boyayın.

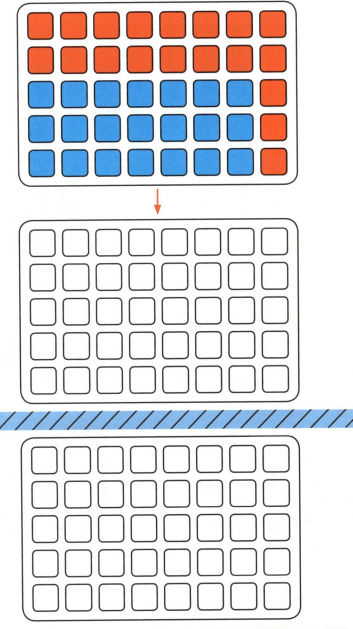

Mahalle Nüfusu

Bacası olan evlerde 3 kişi, bacası olmayanlarda 4 kişi yaşadığına göre, aşağıdaki evlerde toplam kaç kişi yaşamaktadır?

Eşleştirme

Birbirinin aynısı olan şekilleri eşleştirin.

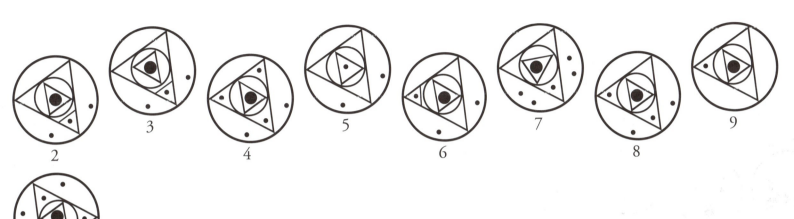
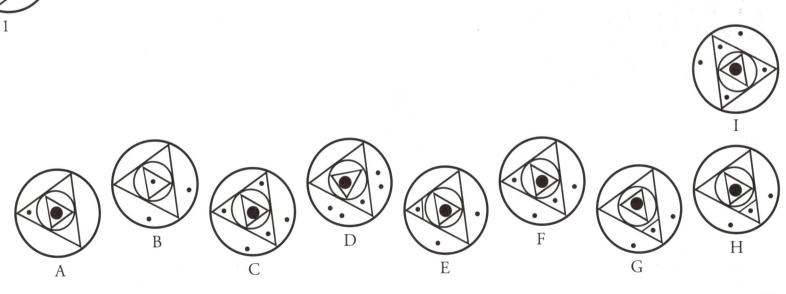

Yüz İfadeleri
Yandaki yüz ifadelerinin aynılarını bulup, işaretleyin.

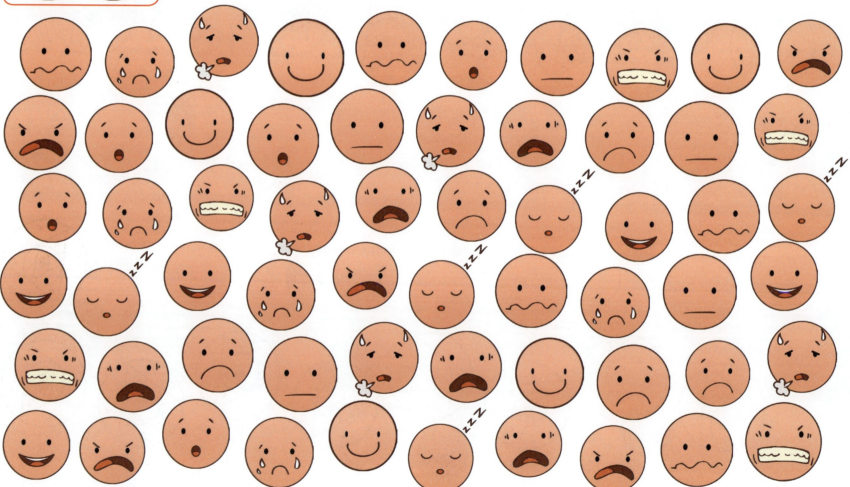

Topla ve Çıkar

Beyaz dairelerin toplamından siyah dairelerin toplamını çıkarın.

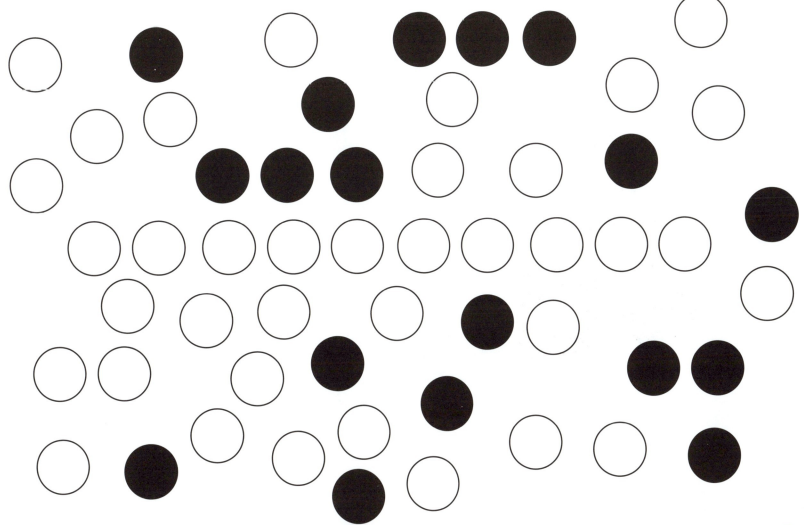

Benzer Semboller

Resmin temsil ettiği harfleri bulup sayın.

N	P	C	İ	A	A	K
J	R	Ö	Y	B	O	L
Ç	Ğ	B	A	Ş	Ş	U
M	U	P	R	E	U	A
U	S	V	Ö	I	Ö	H
I	U	U	B	S	V	L
Ü	O	Z	Y	H	İ	N
U	F	Ü	E	Ğ	U	T
Z	P	S	Ç	J	Ç	U
Ü	T	U	V	M	Ş	D
D	Y	Ğ	E	U	C	R

Harfli Daireler

Yandaki şeklin aynısından aşağıda kaç tane var?

Alttaki egzersiz bittiğinde bu parçayı kitabın sonundaki çıkartmalardan alıp sayfa 91'deki resmin uygun yerine yapıştırın.

Yönler

Yandaki şeklin aynı yöne dönmüş eşinden aşağıda kaç tane var?
Not! Renkleri dikkate almayın.

Şekiller
Yandaki şeklin benzerlerini aşağıda bulun.

Yarım Semboller

Kutudaki sembolün iki parçasını aşağıdan gösterin.

Kitap Yığınları
Aşağıda kaç tane kitap var?

Çift Sayılar
Aşağıda kaç tane çift sayı var?

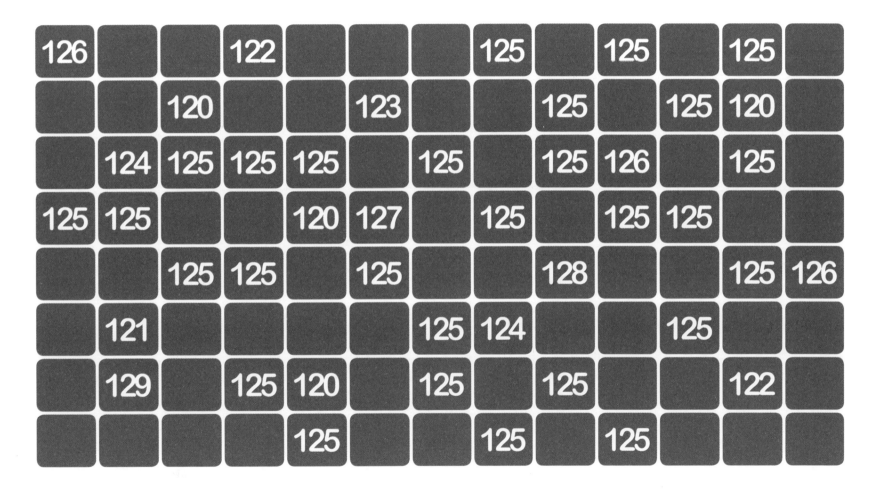

Bul - Yapıştır / Meyve Yarasaları

1. Aşağıya uygun çıkartmayı yapıştırın.
2. Her bir yarasa günde 1 meyve yediğine göre, yarasaların tümü 1 haftada toplam kaç meyve yer?

Benzer Semboller

Resmin temsil ettiği harfleri bulup sayın.

a	m	k	n	p	c	i
ş	ş	k	ç	ğ	b	a
b	o	l	j	r	ö	y
i	ö	h	u	s	v	y
e	f	a	m	g	y	r
y	i	n	ü	o	z	y
s	v	l	i	g	c	b
j	ç	h	z	p	s	ç
e	k	t	u	f	ü	e
z	c	r	d	y	ğ	y
m	s	d	ü	t	u	v

Ters Renkler
Her bayrak kümesinin ters çevirilmiş renklerini bulun.

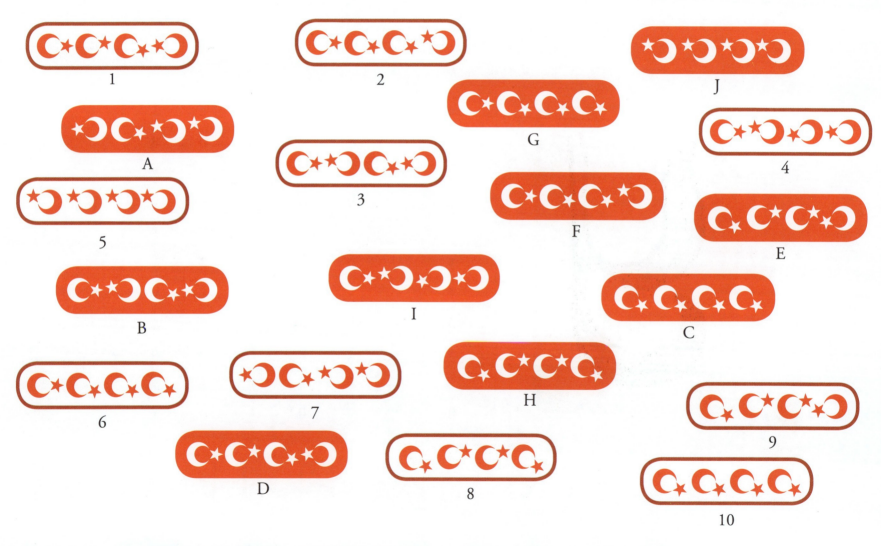

Çizgi Kalınlıkları
Aşağıda toplam kaç kalın çizgi var?

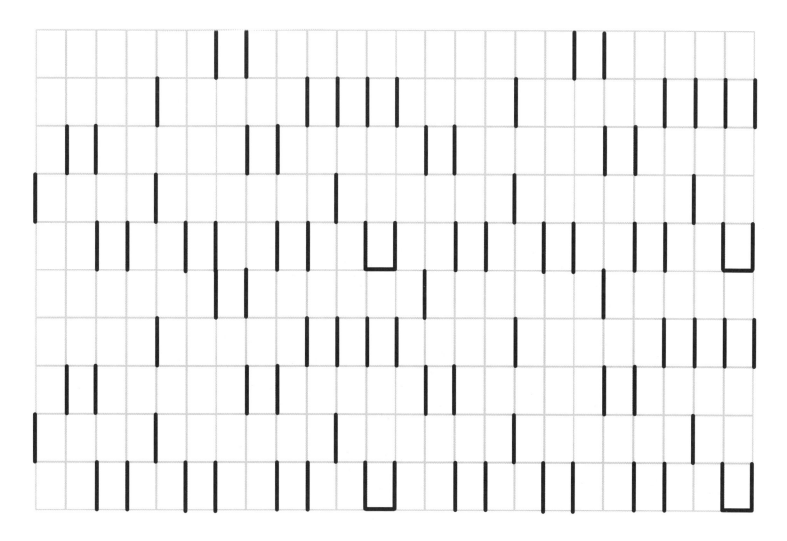

Geometrik Parçalar

Üst kısımdaki parçaların yerini aşağıdaki geometrik şeklin içinden bulup, işaretleyin.

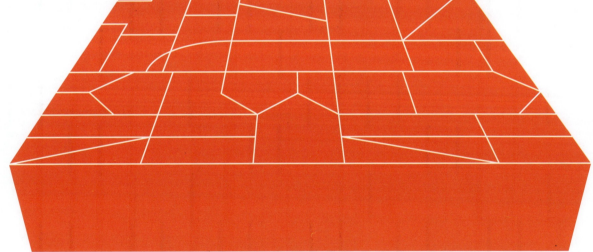

Renk Takibi
Mor çizgiler kaç tane?

Alttaki egzersiz bittiğinde bu parçayı kitabın sonundaki çıkartmalardan alıp sayfa 112'deki resmin uygun yerine yapıştırın.

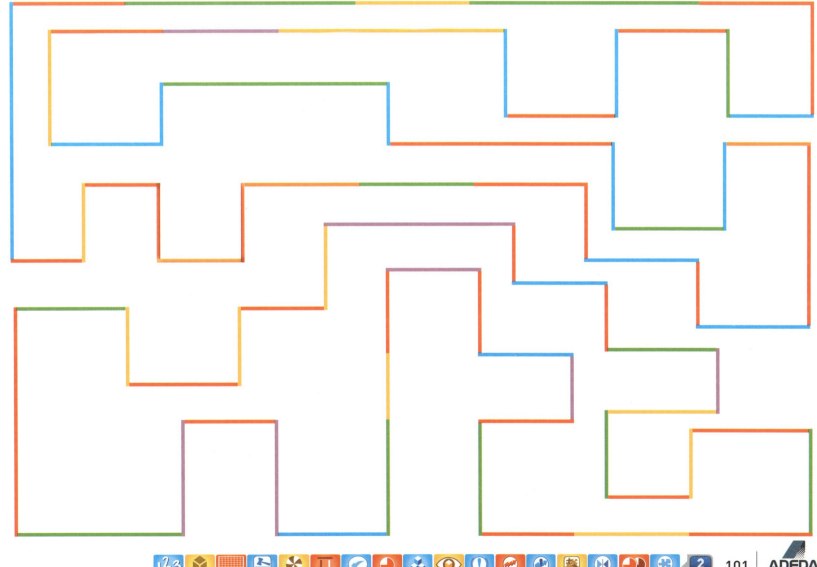

Bul ve Topla

Aşağıda toplam kaç kare var?

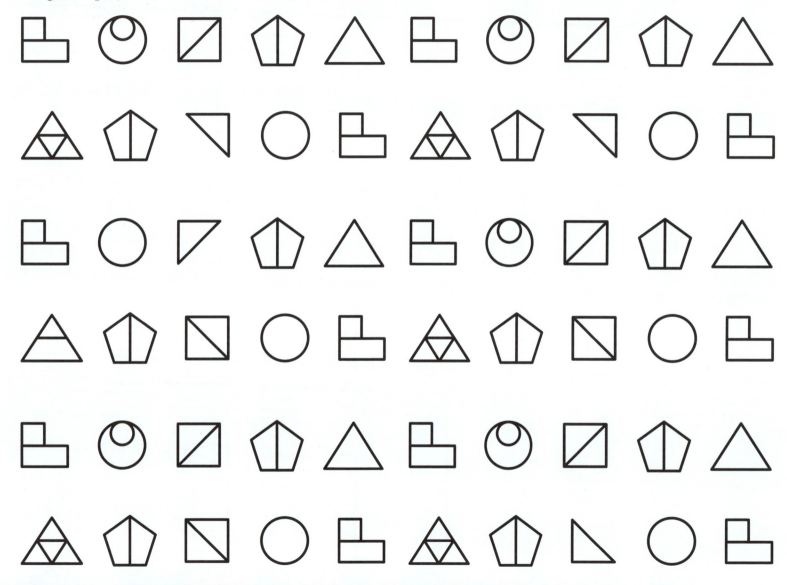

Hacim

Yandaki yıldızın aynı büyüklükte olan eşini aşağıdan bulun.

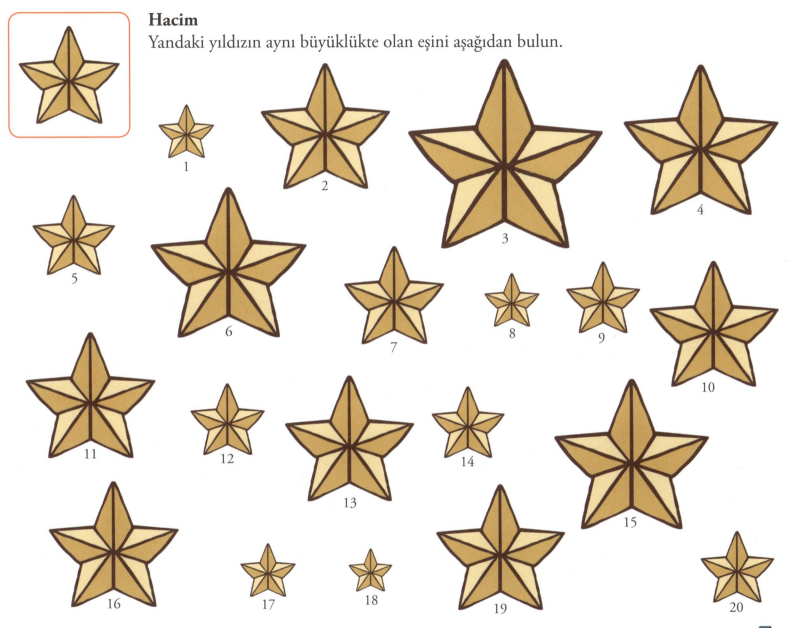

Egzersiz Hareketleri
Aynı hareketi yapan çocukları bulup eşleştirin.

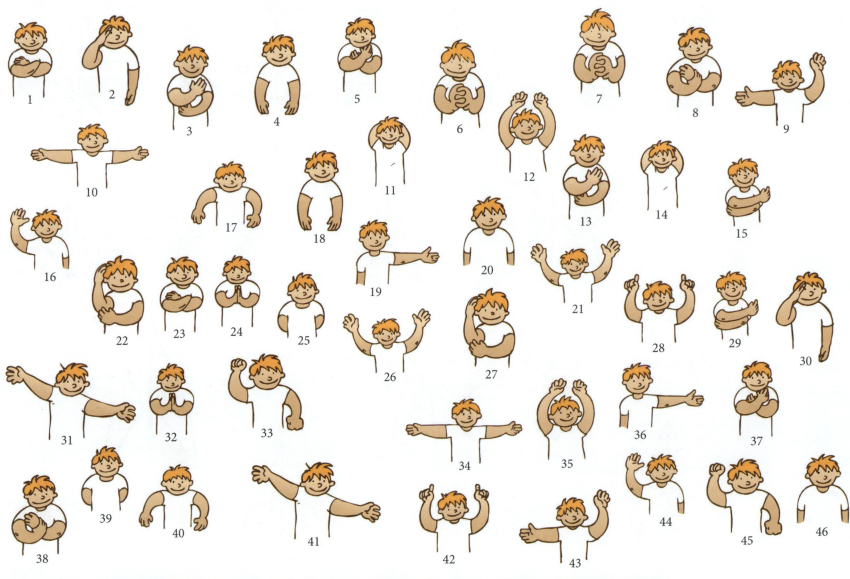

Benzer Semboller

Resmin temsil ettiği harfleri bulup sayın.

N	P	C	S	A	M	K
J	R	Ö	Y	L	O	L
Ç	S	B	A	S	S	K
M	G	P	R	E	F	A
U	S	V	L	I	Ö	H
I	G	C	B	S	V	L
Ü	O	Z	Y	H	S	N
U	F	Ü	E	S	L	T
Z	P	S	Ç	J	Ç	H
Ü	T	U	V	M	S	D
D	Y	S	E	Z	C	R

Benzer Harfler

Aşağıda farklı kaç tane harf var?

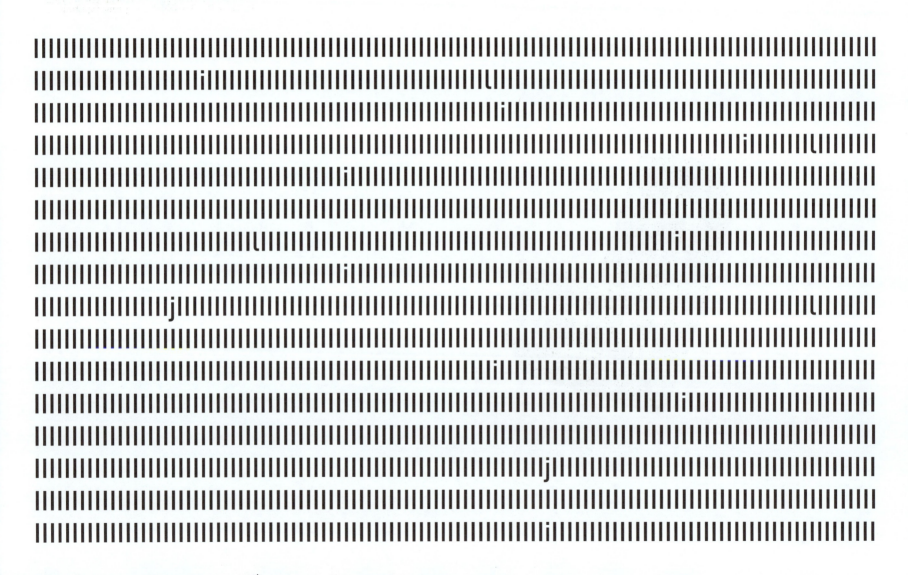

11423

Sayı Avı
Yandaki sayının aynısından kaç tane var?

12345	11445	17765	15555	11423
12235	12225	18885	10005	12340
13345	11115	10005	15555	12345
11445	17765	15555	11423	12235
12225	18885	10005	12340	13345
11115	10005	15555	12345	11445
17765	15555	11423	12235	12225
18885	10005	12340	13345	11115
10005	15555	12345	11445	17765
15555	11423	12235	12225	18885
10005	12340	13345	11115	10005
15555	12345	11445	17765	15555
11423	12235	12225	18885	10005
12340	13345	11115	10005	15555
12345	11445	17765	15555	11423
12235	12225	18885	10005	12340
13345	11115	10005	15555	53426

Elde İşlem

Her daireye birden başlayarak, ardışık birer sayı yazın.
Bu sayıların hepsini toplayarak 9 ile çarpın.

_____ x 9 = _____

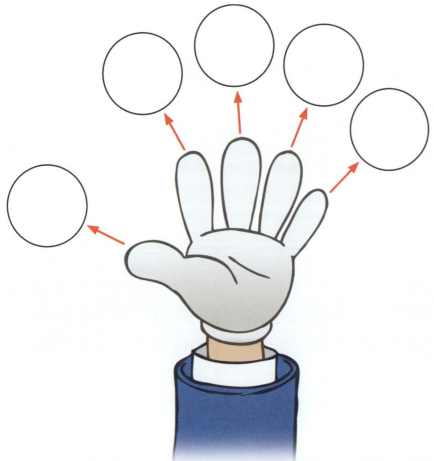

Eksik Şekiller

Soru işaretli yerlere aşağıdakilerden hangilerinin geleceğini bulun.

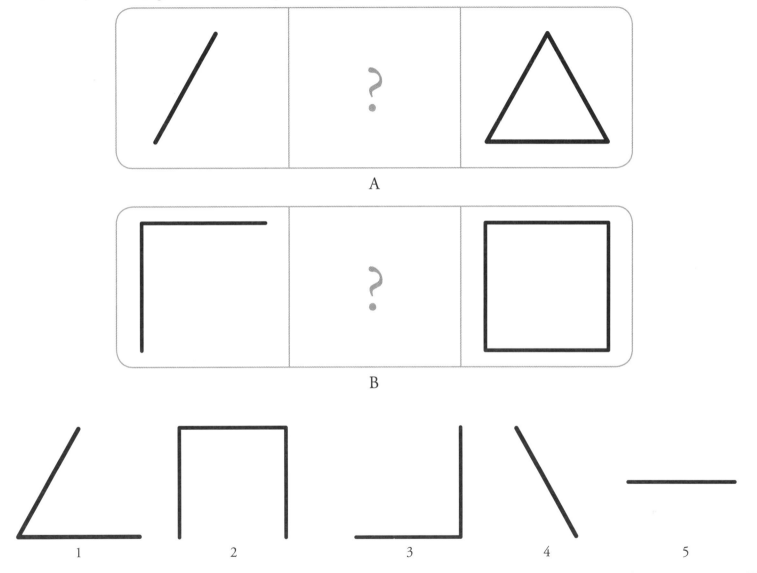

Benzer Semboller
Resmin temsil ettiği harfleri bulup sayın.

A	M	K	N	E	C	U
B	E	L	J	R	Ö	Y
U	U	K	Ç	U	B	A
E	F	A	M	G	P	R
I	Ö	H	U	S	V	Ö
S	V	L	I	G	C	B
H	U	N	Ü	O	Z	E
U	K	T	U	F	Ü	E
J	Ç	H	Z	P	S	Ç
M	U	D	Ü	T	U	V
Z	C	R	D	Y	U	E

Flamingolar

Çoğunluktan farklı yöne bakanları bulun.

Alttaki egzersiz bittiğinde bu parçayı kitabın sonundaki çıkartmalardan alıp sayfa 112'deki resmin uygun yerine yapıştırın.

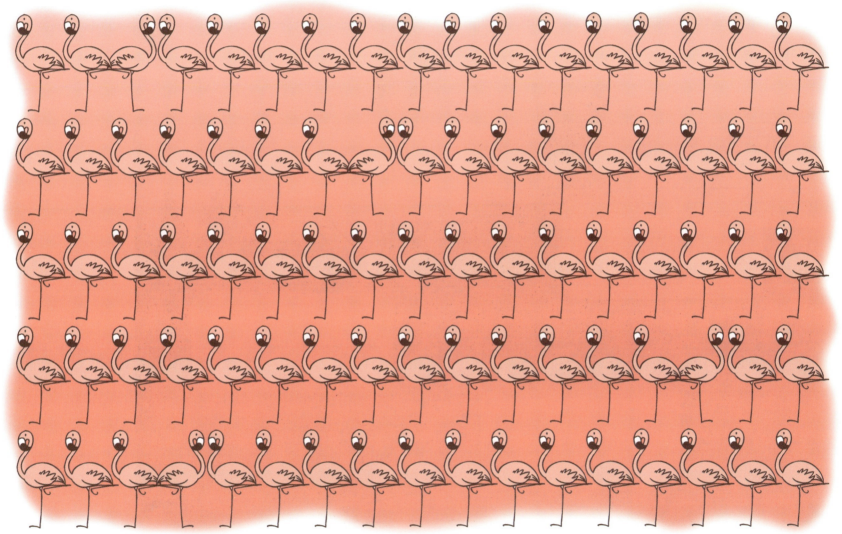

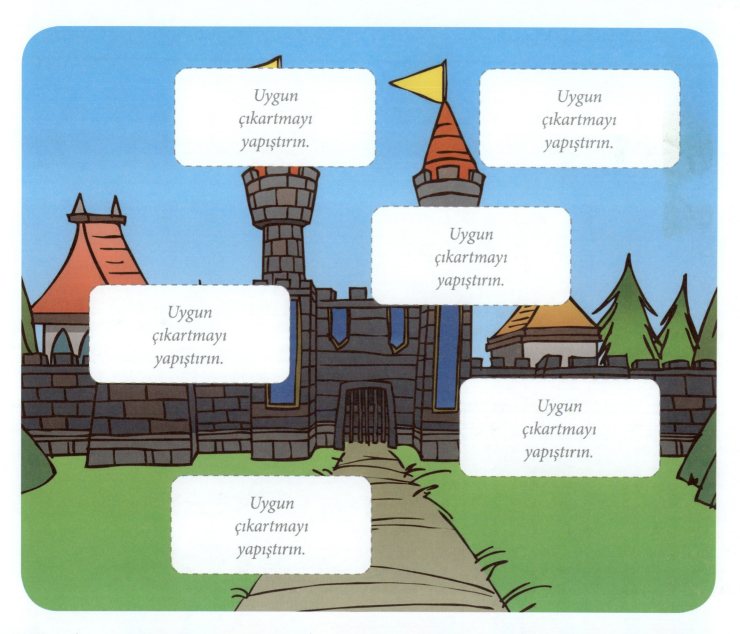

Yüz İfadeleri
Birbirinin aynısı olan yüz ifadelerini bulun.

Mevsimler

Aşağıdaki resme göre yeşil yapraklar ilkbaharı, turuncular sonbaharı, kırmızılar kışı belirttiğine göre, hangi mevsim daha fazla yaşanıyor?

Boyama Kümeleri
Daire kümelerindeki farklı renkleri, aynı şekilde aşağıdaki bölümlere boyayın.

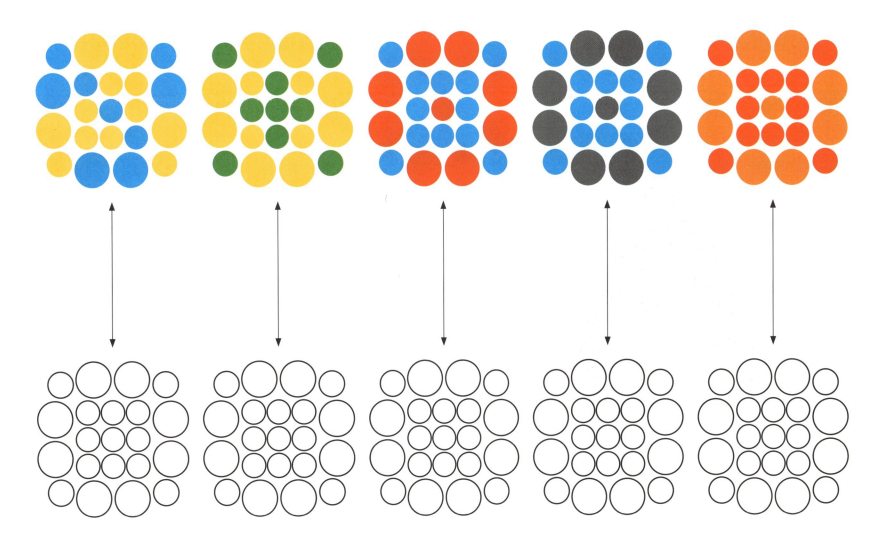

Benzer Semboller
Resmin temsil ettiği harfleri bulup sayın.

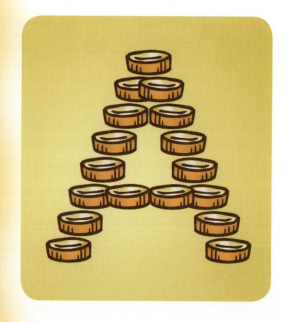

S	V	L	I	G	C	B
H	İ	N	Ü	O	Z	Y
Ğ	K	T	U	F	Ü	E
J	Ç	L	Z	P	S	Ç
M	Ş	D	Ü	L	U	V
Z	C	R	D	Y	Ğ	E
A	M	K	N	P	C	Ğ
L	O	L	J	R	Ö	Y
Ş	Ş	K	Ç	Ğ	B	A
E	F	A	M	G	P	R
I	Ö	H	U	S	L	Ö

Üst Üste
Aynı şekilde üst üste binmiş olan tahta parçası gruplarını eşleştirin.

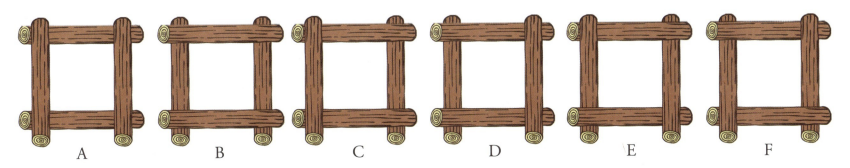
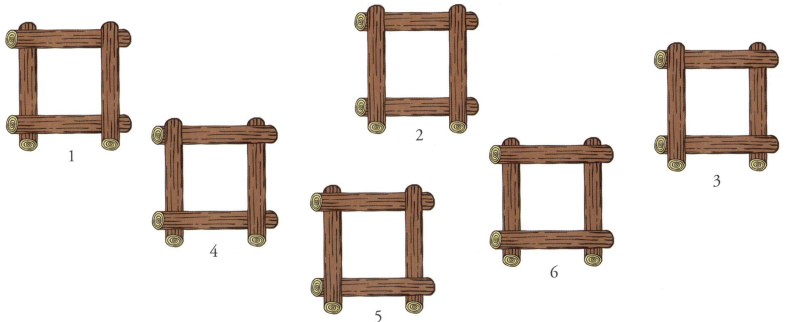

Klasör İçeriği

Mor kapaklı klasörlerde 30 sayfa kağıt, diğerlerinde ise 10 sayfa kağıt olduğuna göre aşağıda toplam kaç sayfa kağıt var?

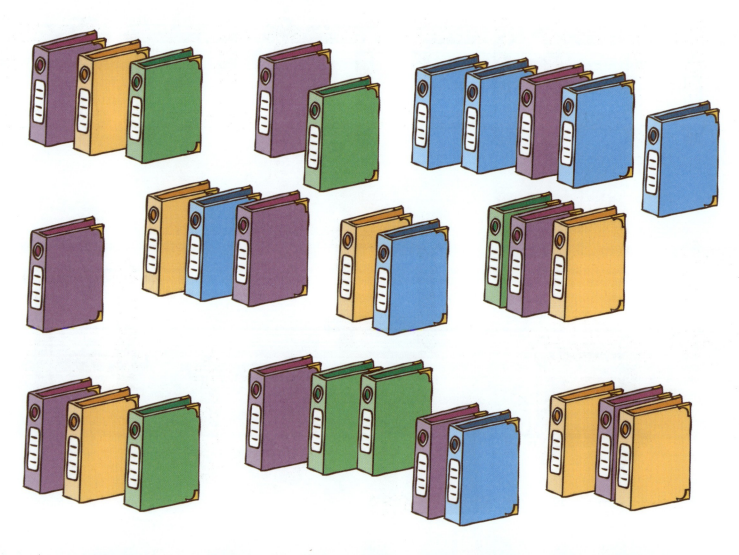

Labirent
Aya gitmek isteyen köpeğe yardımcı olun.

Sayı Avı

Yan yana gelmiş "2" rakamlarını bulup işaretleyin.

```
5 3 3 5 5 5 5 5 5 3 5 5 5 3 5 5 5 5 4 2 5 5 5 2
5 2 2 5 5 2 5 5 5 5 5 5 5 5 5 5 5 5 5 5 5 5 5 5
5 5 5 5 5 5 5 2 2 5 5 5 5 5 2 5 5 5 5 5 5 5 5 5
5 5 5 5 5 5 5 5 5 5 5 5 5 5 5 5 5 5 5 4 5 5 4 5
5 5 5 5 5 5 2 5 5 5 2 5 3 5 5 3 5 5 5 5 5 5 5 5
5 3 3 5 5 2 5 5 5 5 5 5 5 2 5 5 5 5 5 5 2 5 5 5
5 2 5 5 5 5 5 2 5 5 2 5 5 5 5 4 4 5 5 5 5 2 2
5 5 5 5 5 5 5 5 2 2 5 5 5 5 5 5 5 2 2 5 5 5 5
3 5 5 5 3 3 5 5 2 5 5 5 5 5 5 5 2 2 5 5 5 5 5
5 5 5 5 5 5 5 5 5 5 5 5 2 2 5 5 5 5 5 5 5 5 5 5
5 5 5 5 5 5 5 5 5 4 5 5 5 5 5 5 5 2 5 5 5 5 5 5
3 3 5 5 5 5 5 2 5 5 5 5 5 2 5 5 2 5 5 5 5 2 2
```

Bul - Yapıştır / Kim Ne Satıyor?

1. Aşağıya uygun çıkartmayı yapıştırın.
2. Aşağıdaki şekle göre kimler hangi ürünü satmaktadır?

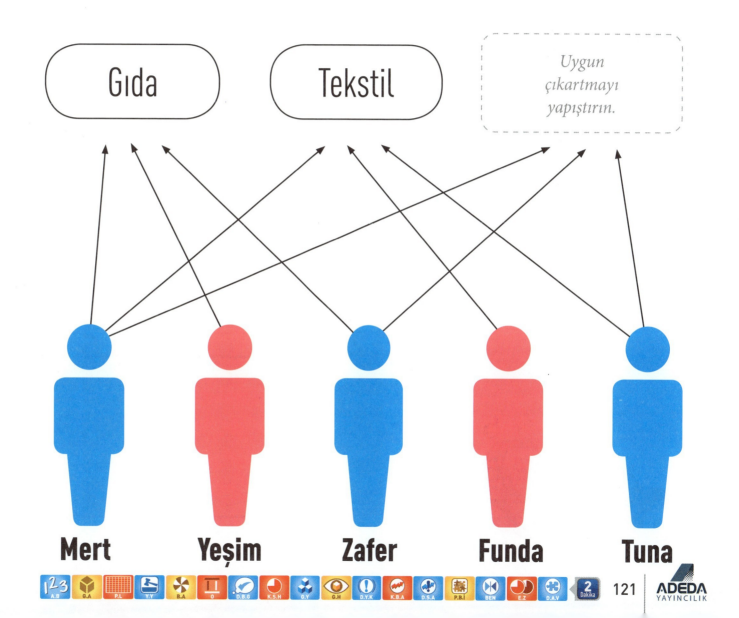

Yürüme Yolu

Her kare bir adım olarak hesaplanırsa, Eda kaç adım sonra çizgili yolu takip ederek araca gitmiş olur?

Eksik Sayılar

Aşağıdaki tabloda boş kutucuklara gelmesi gereken sayıları yazın.

1		3	4	5		7	8	9	10		12	13	14	15	16
17							25		27				30	31	32
1	2	3	4	5	6	7	8		10	11	12	13		15	16
17			20	21	22	23	24	25		27	28	29		31	
1	2			5	6	7	8	9	10	11		13		15	16
17	18		20		22	23		25	26		28	29		31	
1	2	3	4	5	6	7		9	10	11		13	14		16
17		19	20	21		23		25	26	27	28	29		31	

Robot

Robota ait doğru parçaları gösterin.

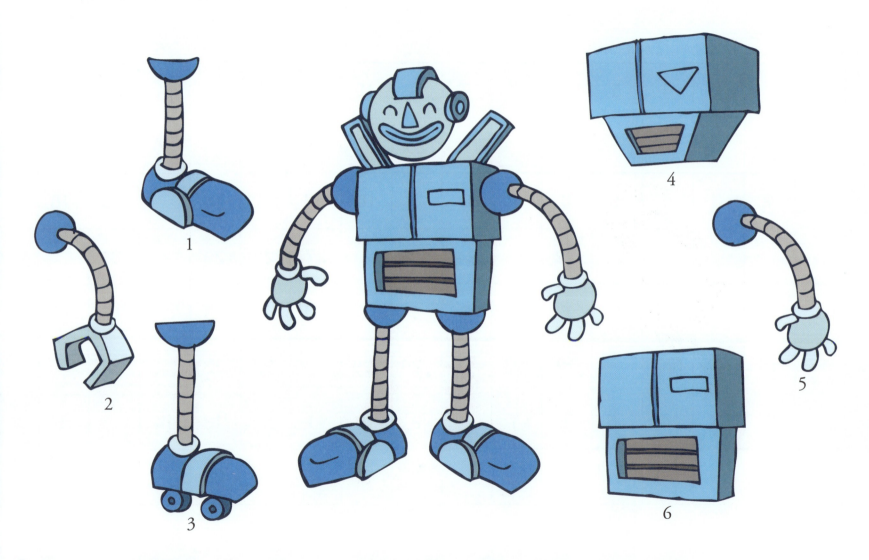

Benzer Semboller
Resmin temsil ettiği harfleri bulup sayın.

s	g	s	4	l	v	ö	k
a	y	y	i	p	c	ı	g
s	j	g	f	u	p	f	u
y	l	ḡ	2	z	ş	a	ü
f	z	y	ı	g	r	e	g
ḡ	a	ḡ	n	u	j	f	p
j	d	t	ç	j	e	h	ḡ
y	t	o	b	ü	f	j	g
l	e	ü	p	f	g	n	e
g	y	ö	ş	ḡ	r	ü	j
a	b	z	r	a	r	ç	j

Harf Avı
Aşağıda kaç tane "K" harfi var?

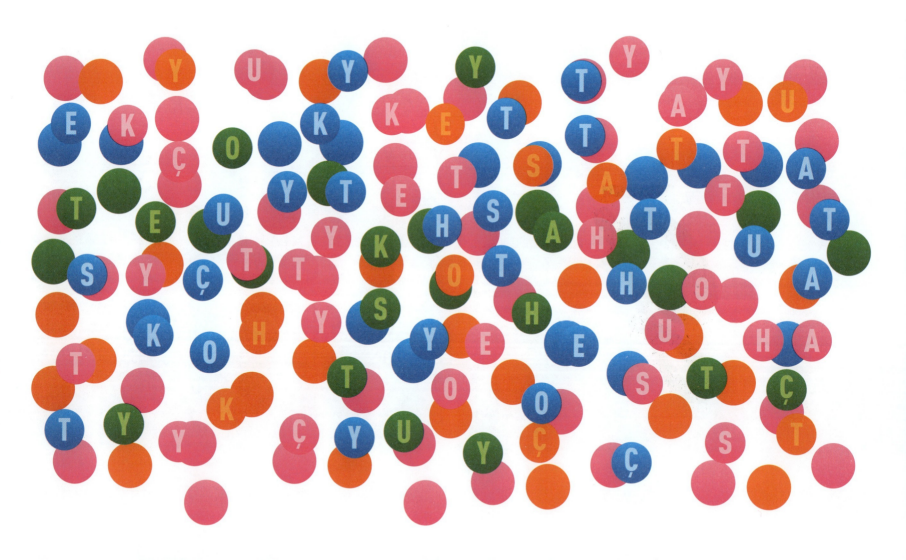

Kazanç Grafiği

Mavi kutular 100, turuncular ise 50 lira değerindedir. Kırmızı çizginin üstünden geçtiği renge göre kimin daha çok kazandığını bulun.

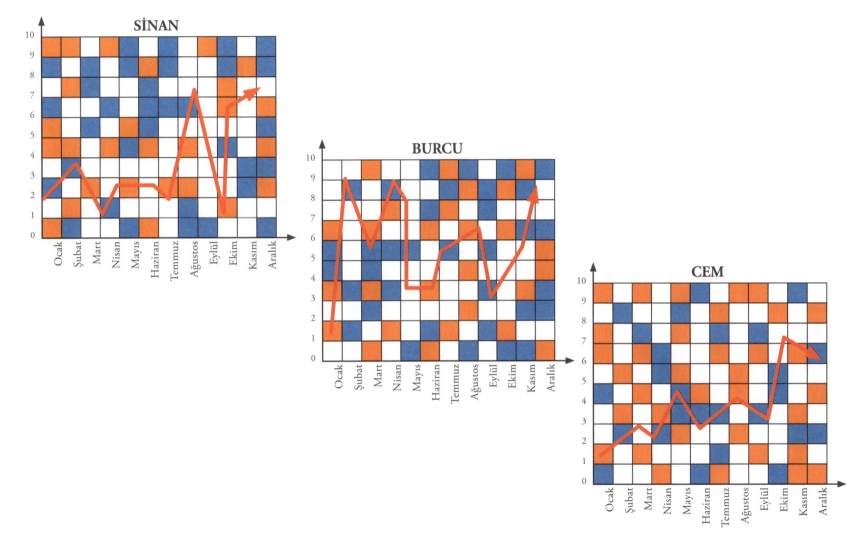

Sayı Üçgeni
Hangi bölümdeki rakam sayısı daha fazladır?
İpucu! *Bütün sayıların rakamlarını hesaplayın. Örneğin 918 sayısında üç tane rakam vardır.*

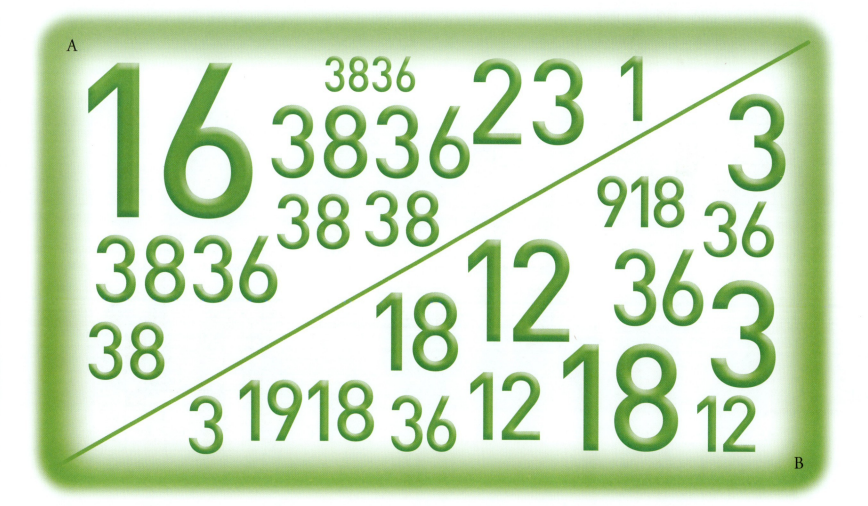

Haftalık Yazı

Aşağıdaki kişilerden her biri günde 10 sayfa yazı yazarsa, bir haftada toplam kaç sayfa yazı yazılmış olur?

Alttaki egzersiz bittiğinde bu parçayı kitabın sonundaki çıkartmalardan alıp sayfa 133'teki resmin uygun yerine yapıştırın.

Benzer Semboller

Resmin temsil ettiği harfleri bulup sayın.

C	İ	A	M	K	N	P
Ö	Y	B	O	L	J	R
I	A	Ş	Ş	İ	Ç	Ş
P	R	I	F	A	M	G
V	Ö	I	Ö	H	U	S
C	B	I	V	L	I	G
Z	Y	H	İ	N	Ü	I
Ü	E	Ğ	K	T	U	I
S	Ç	J	Ç	H	Z	P
U	V	M	Ş	D	Ü	T
Ğ	E	I	C	R	I	Y

Eşleştirme
Yandaki şeklin eşini aşağıdan bulun.

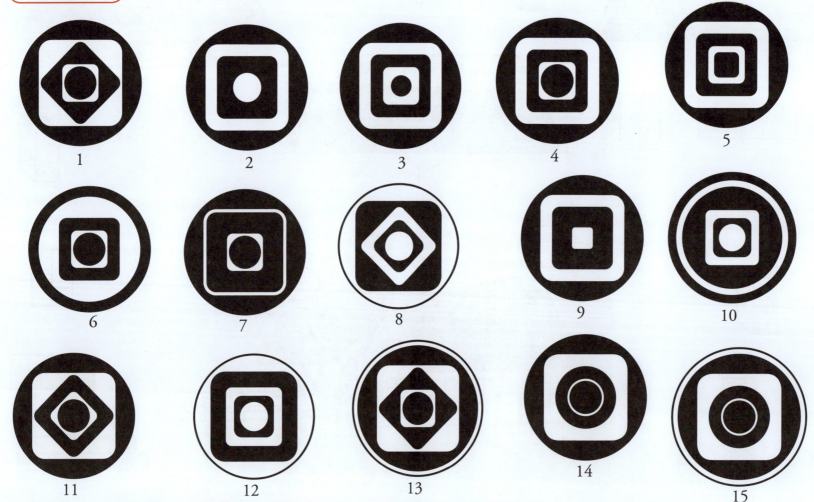

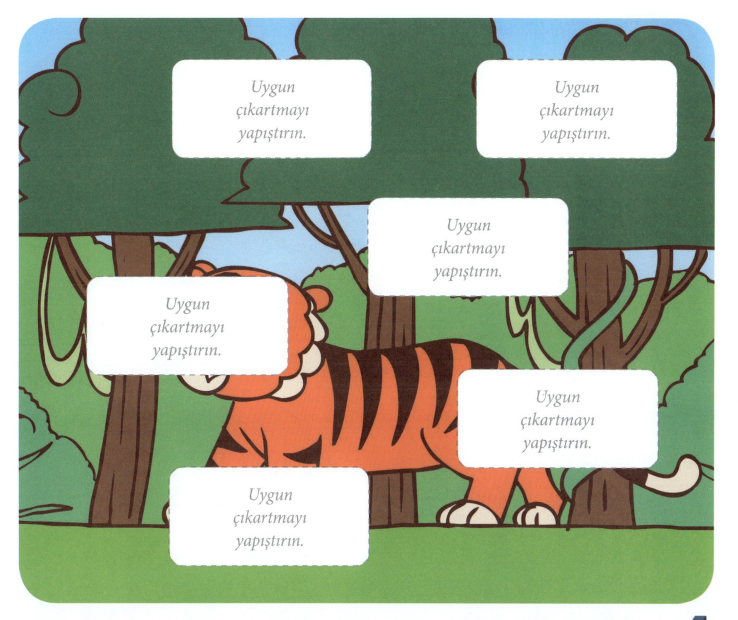

Numaralı Daireler

Her rakamın renk karşılığı belirtilmiştir. Aşağıdaki rakamlı daireleri örneğe göre boyayın.

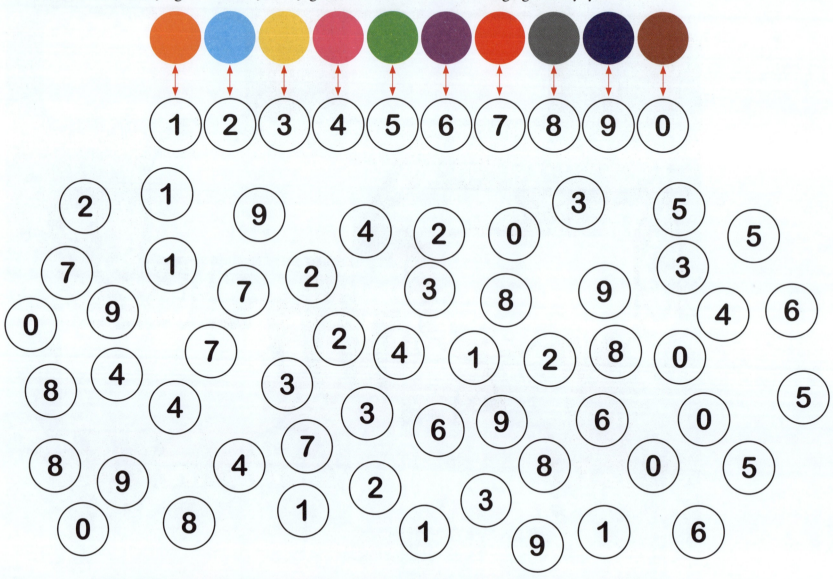

Bul - Yapıştır / Denge

1. Aşağıya uygun çıkartmayı yapıştırın.
2. Dengenin sağlanması için "A" yerine gelmesi gereken meyveler kaç tane olmalıdır?

Farklılık
Farklı olan salkımlar hangileri?

Doğru Harfler
Ortadaki kelimenin içinde bulunmayan harfler hangileri?

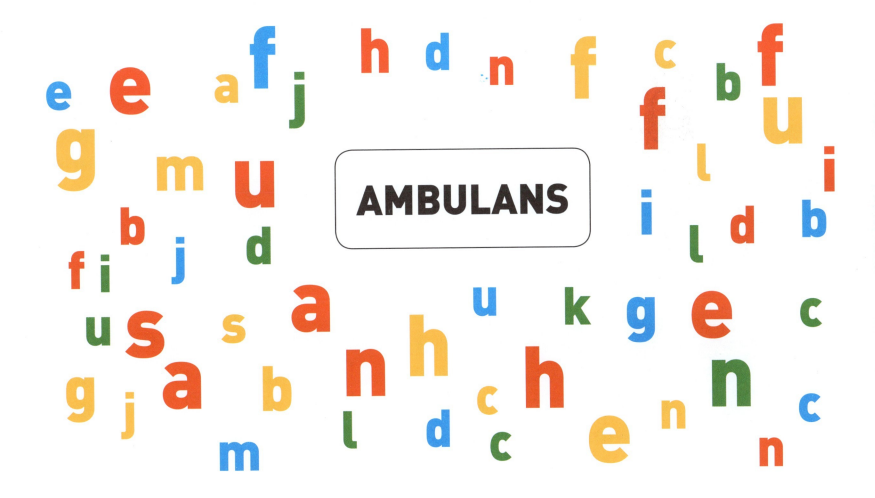

Benzer Semboller
Resmin temsil ettiği harfleri bulup sayın.

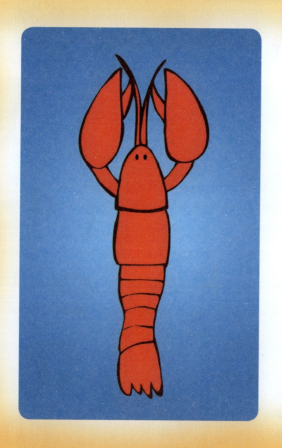

M	A	N	K	C	P	İ
O	B	J	L	Ö	R	Y
Ş	Ş	Ç	K	B	Ğ	A
F	E	İ	A	P	G	I
Ö	I	U	H	V	S	Ö
V	S	I	L	C	G	B
İ	H	Ü	N	Z	O	Y
I	Ğ	U	T	Ü	I	E
Ç	J	Z	H	S	P	Ç
Ş	M	Ü	D	U	T	V
C	Z	D	R	Ğ	Y	E

Harflerin Karşılığı

Sol bölümde harfler şekillerle eşleştirilmiştir.
Sağ bölümdeki hatalı eşleştirmeleri bulun.

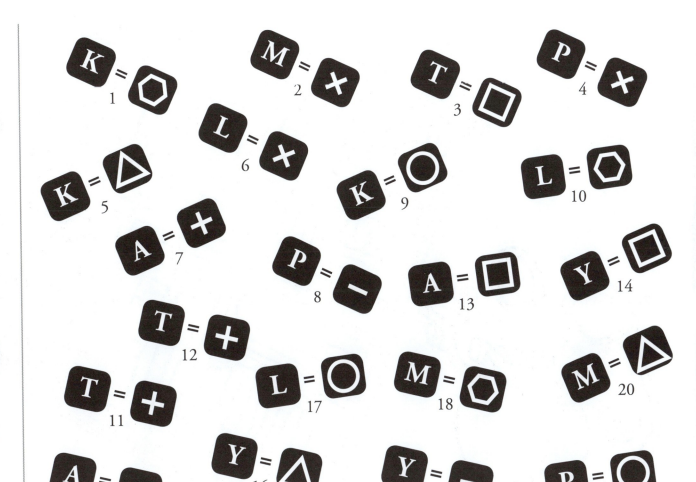

Labirent
Fareyi peynire ulaştırmak için labirenti geçin.

Boyama
Renkli objeleri ortadaki resimden bulup, uygun renklere boyayın.

Renk - Şekil
Soldaki şekillerin eşini bulup aynı renge boyayın.

Harf - Rakam

1'den 6'ya kadar olan rakamları A'dan E'ye kadar olan harflerle eşleştirip rakamların kelime karşılığını yazın.

2121 _____

5656 _____

31556 _____

2131 _____

365 _____

151 _____

651 _____

Renk Takibi
Sarı çizgiler kaç tane?

Geometrik Sıra
Yandaki sıralama, aşağıda kaç defa tekrar ediyor?

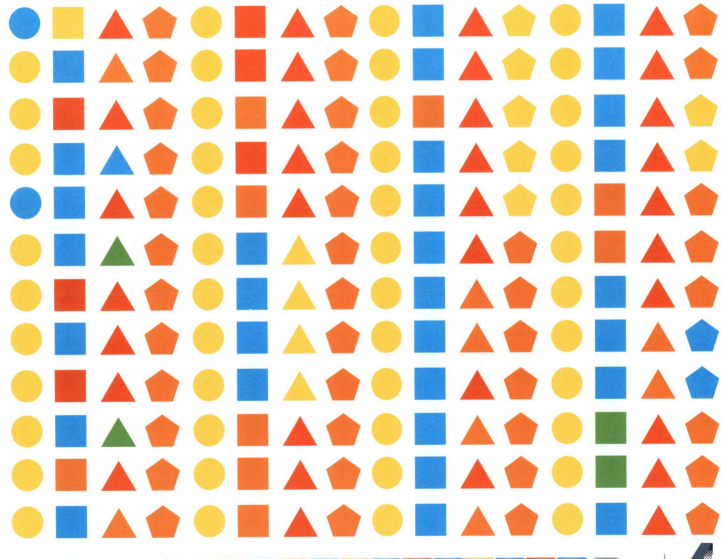

Benzer Semboller
Resmin temsil ettiği harfleri bulup sayın.

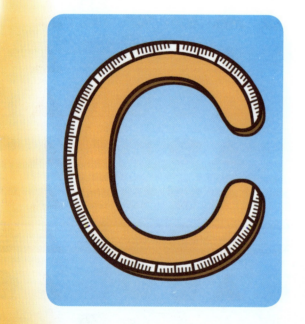

v	ö	8	l	k	3	a	ğ
c	ı	ç	p	z	j	d	t
p	c	b	u	u	y	t	o
ş	a	p	z	ü	l	e	ü
r	e	ş	c	o	t	y	ö
j	f	r	u	c	a	b	z
e	h	4	j	h̲	s	c	s
f	j	i	ü	g̲	a	y	y
k	c	f	f	g̲	s	j	f
d	ü	2	ç	g̲	y	l	g
r	ç	ı	a	j	f	z	y

Farklı Mekanlar

"Esra uçağa binip yola çıkar. Uçaktan inip trene biner. Ardından kaktüslü araziyi geçip kıvrılan yoldan yürüyerek tatil köyüne ulaşır."

Bu hikaye hangi sıralamada doğru anlatılıyor?

İşaret Takibi
Eksileri (-) sayın.

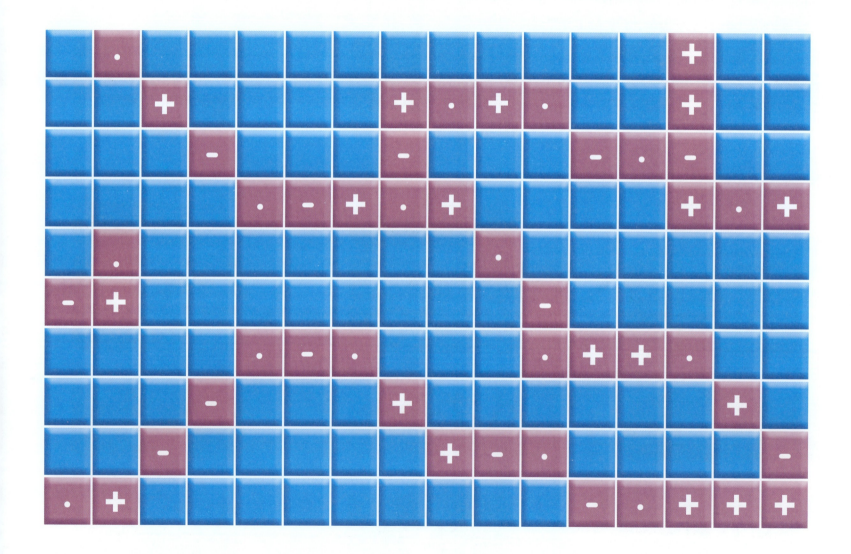

Satış Grafiği

Aşağıdaki grafik, bir marketin satış oranlarını göstermektedir. Buna göre, marketin en çok ve en az satış yaptığı aylar hangileri?

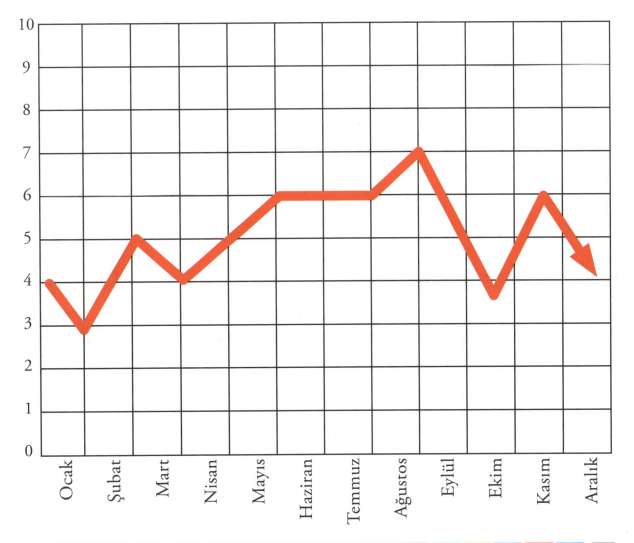

7 Fark
İki resim arasındaki 7 farkı bulun.

Alttaki egzersiz bittiğinde bu parçayı kitabın sonundaki çıkartmalardan alıp sayfa 154'teki resmin uygun yerine yapıştırın.

Harfli Daireler

Boş dairelere uygun harfleri yazın.

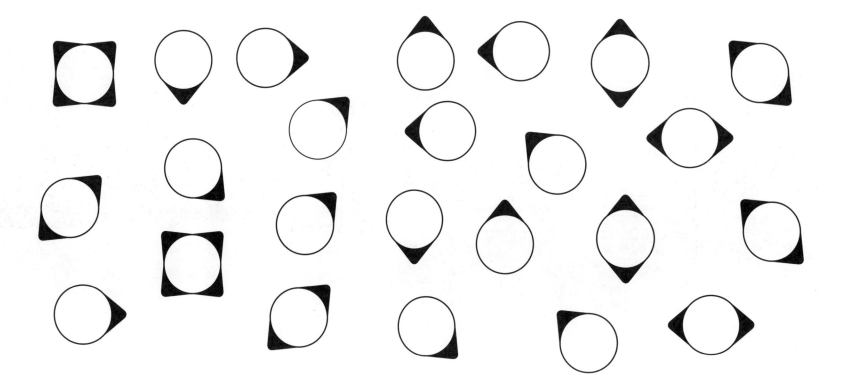

Benzer Semboller

Resmin temsil ettiği harfleri bulup sayın.

A	M	K	N	P	C	İ
B	O	L	M	R	Ö	Y
Ş	Ş	K	Ç	Ğ	B	A
E	F	A	M	G	P	M
I	Ö	H	U	S	V	Ö
M	V	L	İ	M	C	B
H	İ	M	Ü	O	Z	M
Ğ	K	T	U	F	Ü	E
J	Ç	M	Z	P	S	Ç
M	Ş	D	Ü	T	M	V
Z	C	R	D	Y	Ğ	M

DOKTOR ONAYLI GELİŞİMSEL HİKAYELER SERİSİ

- Kitapçı Kedi,
- Mısır Seven Mısırcı,
- Fin Fin Fil

YAŞ 3-7

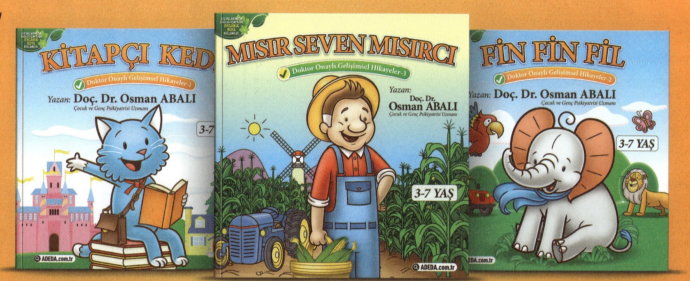

- Duygusal zeka gelişimi
- Empati

- Problem çözme
- İşitsel ve sözel zeka

- İletişim kapasitesi
- Yargılama

Online: **www.ADEDA.com.tr** | Tel: **0212 514 5099**

DAHA BAŞARILI OLMAK İÇİN DİKKATİNİ GÜÇLENDİR

YENİ!

Dikkati Güçlendirme Seti PLUS

YAŞ 3 yaştan 11 yaşa kadar

3-11 yaş aralığındaki çocuk ve gençler için yaşa uygun olarak seviyelendirilmiş bir eser olup, bilimsel ve akademik altyapı ile Doç. Dr. Osman ABALI tarafından hazırlandı.

ÜCRETSİZ KARGO

ÜCRETSİZ KARGO 25 TL ve ÜZERİ ALIŞVERİŞLERDE

CEVAPLAR

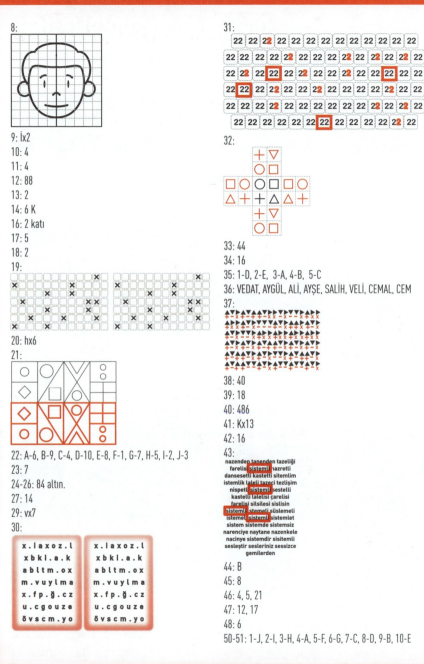

8:
9: İx2
10: 4
11: 4
12: 88
13: 2
14: 6 K
16: 2 katı
17: 5
18: 2
19:
20: hx6
21:
22: A-6, B-9, C-4, D-10, E-8, F-1, G-7, H-5, I-2, J-3
23: 7
24-26: 84 altın.
27: 14
29: vx7
30:

31:
32:
33: 44
34: 16
35: 1-D, 2-E, 3-A, 4-B, 5-C
36: VEDAT, AYGÜL, ALİ, AYŞE, SALİH, VELİ, CEMAL, CEM
37:
38: 40
39: 18
40: 486
41: Kx13
42: 16
43: nazenden tanenden tazeliği farelisi sistemli nazretti dansesetti kastetti sitemlim istemlik laleli tazeci tezlişim nispetli sistemli sestelli kastelli lalelisi çarelisi farelisi silsilesi sislisin sistemli istemeli süslemeli istemeli sistemli sistemlet sistem sistemde sistemsiz narenciye naytana nazenkele nacinye sistemdir sisitemli sesleştir sesleriniz sessizce gemilerden
44: B
45: 8
46: 4, 5, 21
47: 12, 17
48: 6
50-51: 1-J, 2-I, 3-H, 4-A, 5-F, 6-G, 7-C, 8-D, 9-B, 10-E

52:
53: D
54: 5 birim.
55: A ve B
56: Nx9
57:
58: B) 18
59: A) 36
60:
61: 9 tane 8 rakamı.
62: 5
63:
64: Tx2
65: Siyah
66: 1-D, 2-B, 3-A, 4-C
67:

68:
69:
71: C) A
72: 115
73: 1-16, 2-12, 3-13, 4-14, 5-7, 6-10, 8-15, 9-11
74: Sx5
75: En çok hasta bakan, Asena
    En az hasta bakan, Dilek
76: 1
77: 1-3, 2-4, 5-6, 7-8
78: A-4,15,21,27, B-2, 6, 8,12,18,20,22,24,29, C-5,14,19,26,30
79: 10
80: fx11
81: 1-B, 2-C, 3-3, 4-X, 5-B, 6-3, 7-8, 8-X, 9-8, 10-C
82:
83:
84: 89
85: 1-I, 2-H, 3-G, 4-C, 5-B, 6-E, 7-D, 8-F, 9-A
86:

CEVAPLAR

87: 37-18=19
88: Ux11
89: 8
90: 5
92:

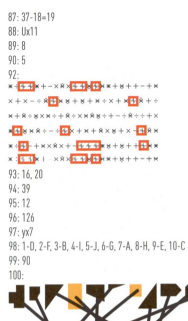

93: 16, 20
94: 39
95: 12
96: 126
97: yx7
98: 1-D, 2-F, 3-B, 4-I, 5-J, 6-G, 7-A, 8-H, 9-E, 10-C
99: 90
100:

101: 7
102: 20
103: 7
104: 1-23, 2-30, 3-13, 4-18, 5-37, 6-7, 8-38, 9-43, 10-34, 11-14, 12-35, 15-29, 16-44, 17-40, 19-36, 20-46, 21-26, 22-27, 24-32, 25-39, 28-42, 31-41, 33-45
105: Lx5
106: 15
107:

108: 15X9=135
109: A-1, B-2
110: Ex6
111:

113:

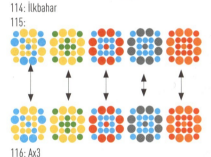

114: İlkbahar
115:

116: Ax3
117: A-2, B-6, C-3, D-1, E-4, F-5
118: 500
120:

121: Mert-gıda, tekstil, otomobil,
Yeşim-gıda, Zafer-gıda, otomobil,
Funda-tekstil, Tuna-tekstil, otomobil

122: 26 adım
123:

1	2	3	4	5	6	7	8	9	10	11	12	13	14	15	16
17	18	19	20	21	22	23	24	25	26	27	28	29	30	31	32
1	2	3	4	5	6	7	8	9	10	11	12	13	14	15	16
17	18	19	20	21	22	23	24	25	26	27	28	29	30	31	32
1	2	3	4	5	6	7	8	9	10	11	12	13	14	15	16
17	18	19	20	21	22	23	24	25	26	27	28	29	30	31	32

124: 1, 5, 6
125: ğx5
126: 6
127: Burcu
128: A-23 rakam, B-26 rakam.
129: 2100
130: Rx3
131: 2, 8, 10, 11, 15, 16
132: 4
134:

135: 7
136: 8, 15, 18
137:

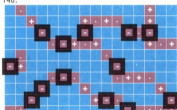

138: Ix6
139: 1, 2, 6, 8, 9, 10, 11, 12, 13, 14, 15, 16, 20, 21
141:

142:

143: BABA, DEDE, CADDE, BACA, CED, ADA, EDA
144: 15
145: 8
146: cx6
147: 3
148:

149: En yüksek satış Ağustos, en az satış Ocak ayı.
150-151:

152:

153: Mx12

ÖĞRENMEYE ÇİZEREK BAŞLAYIN

YENİ!

Dikkatli Çizgiler

YAŞ 5-7

Algı, dikkat, el-göz koordinasyonu, ince motor becerileri...

Nörogelişimsel destek için çiz, dikkat et, eğlen, öğren.

ÜCRETSİZ KARGO

ÜCRETSİZ KARGO 25 TL ve ÜZERİ ALIŞVERİŞLERDE | Online: **www.ADEDA.com.tr** | Tel: **0212 514 5099**